**Marysia Morkowska**
**Armin Zogbaum**

# Rohe Lust

## Vital und schön mit Rohkost

FONA

**Wichtiger Hinweis**

Rohkost sollten Sie in den Tropen nur dann essen, wenn Sie sie eigenhändig geschält haben. Nur so können Sie sich vor Parasiten schützen. Diese Vorsichtsmaßnahme bewährt sich laut Auskunft eines Tropenarztes auch im südlichen Mittelmeerraum, auf Sizilien, in der Türkei, in Griechenland und an der afrikanischen Nordküste.


www.fona.ch

Verantwortlich für das Lektorat: Léonie Haefeli-Schmid
Einführung: Marysia Morkowska, Zürich
Rezepte: Armin Zogbaum, Zürich
Anleitung Sprossenzucht: Erica Bänziger, Verscio
Gestaltung: Andrea Heimgartner, Zürich
Fotos: Armin Zogbaum, Zürich;
Bircher-Benner Archiv, Zürich (Seiten 23, 25, 27, 29);
Pure Food and Wine/Sarma Melngailis, New York (Seite 15)
www.julianoalive.com/Juliano Brotmann (Seite 17);
www.nenafan.de/Mario Kühn (Seite 19)
Lithos: Repro Schicker AG, Baar
Druck und Bindung: Kösel, Altusried-Krugzell

ISBN 3-03780-239-1

# Inhalt



Abkürzungen:

| | |
|---|---|
| EL | = gestrichener Esslöffel |
| KL | = gestrichener Kaffeelöffel |
| TL | = gestrichener Teelöffel |
| dl | = Deziliter |
| ml | = Milliliter |
| l | = Liter |
| Msp | = Messerspitze |
| g | = Gramm |
| kg | = Kilogramm |

## Rohkost und Lust? Das tönt schon fast wie ein Widerspruch in sich!

Doch ausgerechnet diese asketisch anmutende Essensart wurde zur Inspiration für eine der grundlegendsten gastronomischen Innovationen der letzten Jahre. Sie hat sich von der krankenköstlerischen Randständigkeit auf den kulinarischen Olymp geschwungen. Vor allem in den USA nahmen Spitzenköche die Rohkost als kreative Herausforderung und entwickelten neue Zubereitungsarten. Eine Reihe sehr unterschiedlicher Restaurants entstand, und das Publikum strömt seither zunehmend herbei. Begeisterte Promis verhalfen dem Phänomen zu medialer Breitenwirkung, bei uns am bekanntesten wohl die Popsängerin Nena. Models und Filmstars schwärmen von den Beauty-Effekten, schwören auf die verjüngende und energetisierende Wirkung. Doch dieses Essen verhilft nicht nur zu besserem Aussehen. Wie die Besuche vor Ort zeigen, schmecken die Neukreationen wirklich fabelhaft.

Das ist eine Überraschung mehr. Die «Nouvelle Cuisine Crue», wie wir sie nennen wollen, erweist sich nämlich als unglaublich radikal. Es geht dabei nicht nur darum, nicht zu kochen. Die verwendeten Zutaten sollen zudem rein pflanzlich sein und aus biologisch-dynamischer Produktion stammen. Das heißt konkret: kein Fleisch, kein Fisch, keine Milchprodukte, keine Eier ... und keine Chemie.

An dieser Stelle zucken Sie möglicherweise misstrauisch zusammen: Wir wissen doch alle nur zu gut, dass so etwas überaus gesund und vernünftig ist. «Rohkost» – dieses Wort weckt in uns ein schlechtes Gewissen. Es bringt uns dazu, an einer Party pflichtschuldig Selleriestangen in den Quark-Dipp zu tunken, bevor wir uns über die gekochten Leckereien auf dem Buffet hermachen. «Rohkost» – das ist unterschwellige Buße für fleischliche Lust, Abbitte für kulinarische Sünden. Was nicht weiter erstaunt. Denn seit biblischen Zeiten wird ungekochte Pflanzennahrung mit sektiererischen Ideologien gekoppelt. Gerade in der Schweiz und in Deutschland spielte sich in diesem Zusammenhang allerlei Spannendes und Kurioses ab. Es fällt auf, dass die Rohköstler regelmäßig ins Missionarische kippten.

Doch gerade um solche voller Schuldgefühle konsumierten Selleriestangen oder Salatteller geht es hier nicht. Darum trägt dieses Buch auch seinen zweideutigen Titel. Es versteht sich vielmehr als Einladung in eine lustvolle, neue Esswelt. Mit innovativen Ideen und kreativen Zubereitungsarten, die zu bislang unbekannten Sinnesfreuden führen. Vertauschen Sie den Herd mit dem Mixer, die Mikrowelle mit dem Sprossentopf. Lassen Sie sich überraschen, wie warm Ihnen um Herz und Bauch werden kann, wenn der Ofen kalt bleibt.

Armin Zogbaum hat sich vom neuen Trend inspirieren lassen und schmelzend-sinnliche bis knackig-knusprige Rezepte kreiert. Allerdings ohne komplizierte Übertreibungen. Seine Kreationen können in jeder Küche und mit den hier zu Lande erhältlichen Zutaten umgesetzt werden. Von der Suppe über Salate bis hin zu Mahlzeiten und Desserts. Sogar Kuchen und Brot lassen sich ohne Backen zaubern. Dabei müssen sie nicht einmal kalt gegessen werden, sondern können im Backofen oder Dörrautomaten bis 40 °C erwärmt werden.

Was Sie mit diesen Rezepten tun, ist selbstverständlich Ihre Sache. Vielleicht wollen Sie ihren Lieben ein besonderes Mahl kredenzen oder eine Rohkostwoche einschalten. Zahlreiche bewährte Tipps nebenan helfen, den Genuss noch zu steigern.

## So klappt's!

**Die Umstellung auf mehr Rohkost wird erleichtert,**

**1.**
wenn Sie in der warmen Jahreszeit damit beginnen.

**2.**
wenn Sie vor der Umstellung zwei bis drei Tage mit Rohsäften fasten.

**3.**
wenn Sie auf Zwischenmahlzeiten verzichten.

**4.**
wenn Sie auf Kombinationen von rohen und unvollwertigen Lebensmitteln (raffinierte Produkte wie Weißmehl oder Süßigkeiten) verzichten.

**5.**
wenn Sie Ihren Körper genau beobachten und herausfinden, welche Nahrungsmittelkombinationen für Sie ideal sind.

Vor einer abrupten Umstellung auf ausschließlich Rohkost wird abgeraten.

# Einführung

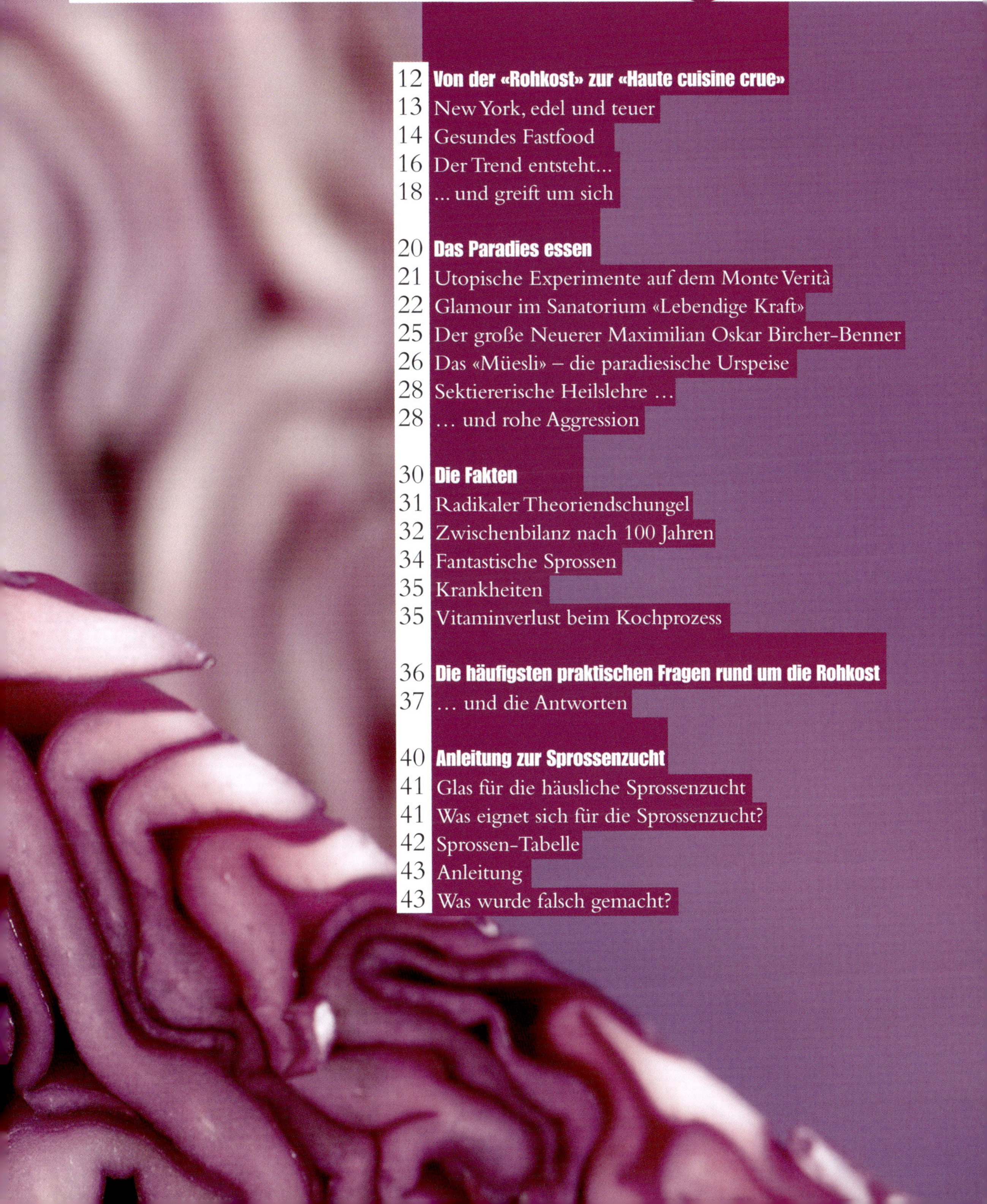

Von der «Rohkost» zur

# «Haute cuisine crue»

# Einführung

## New York, edel und teuer

Am Irving Place 54 in Manhattan liegt das «Pure Food and Wine». Ein In-Lokal, von einem extrovertierten Publikum frequentiert, Tage im Voraus ausgebucht. Die Schönen der Nacht und Models, die wir von den Titelseiten der Hochglanzpostillen kennen, stehen hier Schlange und pferchen sich an dichtgedrängten Tischen. Der enorme Geräuschpegel paart sich mit aufgedrehter Munterkeit.

Der Raum wird farblich von feurigem Rot dominiert, die Möbel bestehen aus Holz, dem wärmsten aller Materialien. Kerzenlicht verbreitet Stimmung, Fotos von Enten, Schafen, Kühen sorgen für eine niedliche Note. Das Interieur kompensiert unterschwellig das, was dem Essen fehlt: Die Hitze, das Animalische. Denn die Speisen, die hier lauwarm auf den Tisch kommen, sind alle roh, pflanzlich und erst noch aus biologischen Produkten zubereitet, was die Speisekarte allerdings nur umschreibt. Sie spricht von «organischen Zutaten mit natürlichen Aromen, welche Körper, Geist und Planet verjüngen».

Das Aufgetragene präsentiert sich optisch und geschmacklich wie Spitzengastronomie. Die mit schwarzen Sesamsamen und rosaroten Randensprossen ausdekorierten Sushi-Rollen liegen auf elegant geschwungenen Platten. Statt Reis wird Jicama, ein mexikanisches Wurzelgemüse, verwendet. Und die Füllung besteht aus einer subtil abgeschmeckten Kombination von Avocado, Sonnenblumensprossen und Shiitakepilzen. Das ungeröstete Algenblatt ist im Biss etwas gummig. Doch genau diese Konsistenz gehört zur japanischen Küche und wirkt deshalb besonders authentisch.

Fantastisch munden auch die würzigen thailändischen Lattichwickel, die «Spicy Thai Lettuce Wraps». Die dunkelgrünen Blätter umhüllen Bohnensprossen, eine Julienne aus Karotten und reifer Mango, frischem Koriander und Basilikum. Die Sauce setzt sich aus vielen Ingredienzen zusammen, wie etwa im Mixer zerkleinerten Cashewnüssen, Sesamöl, Meersalz, vermischt mit Ahornsirup, Zitronensaft, Ingwer, Chili, Sojasauce und Mandelbutter. Dazu nippen wir an einem leckeren Cabernet-Sauvignon. Wein ist erlaubt, denn er ist fermentiert und nicht erhitzt.

# Von der Rohkost zur «Haute cuisine crue»

Während im Lokal tumultuöse Zustände herrschen, erlebt man in der Küche eine ungewohnte Entspanntheit. Kein Kochherd, keine Töpfe, kein Dampfabzug, weder Gestank noch Hitze. Köchinnen und Köche stehen auch nicht unter jener Daueranspannung, die sich aus der Koordination der Garzeiten ergibt. Sie tragen zwar die obligate weiße Berufskleidung inklusive Mütze, scheinen jedoch eher am Basteln zu sein. Gerade stellt die Pâtissière aus grob gemahlenen Nüssen Tarteletteböden her.

Die Küchengeräte sind in einem diskreten Sideboard untergebracht. Das auffallendste Gerät ist der Umluftofen, der die Temperatur von 40 °C nicht überschreitet. Darin liegen vorbereitete Zucchini und Tomaten. «Wir entziehen dem Gemüse schonend das Wasser, damit sich die Geschmacksstoffe intensivieren, ohne dass der Nährwert, die Vitamine und Enzyme verloren gehen», wird uns erklärt.

Matthew Kenney und Sarma Melngailis, die Gastgeber, beide Abgänger des French Culinary Institutes, sehen alles andere aus als «Körnerpicker» oder «Ökofreaks». Sie wirken eher wie die Idealbesetzung für einen Hollywood-Film: Das perfekte Paar, urban, erfolgreich, begehrenswert. Kenney sieht denn auch die Vorzüge dieser «sinnlichen und energetisierenden» Ernährungsweise vor allem in den äußeren Auswirkungen. Er schwärmt vom «Glow», der Ausstrahlung, den sie verleihe. Von den klaren Augen, dem glänzenden Haar, der strahlenden Haut. Seit er nur noch roh esse, sagt er, fühle er sich emotional und beruflich zehn Jahre verjüngt.

## Gesundes Fastfood

Einige Häuser weiter am Madison Square Park liegt gleich neben einem «McDonald's» das «Bonobo's». Ein Fast-Food-Lokal, auch ein Ableger des neuen gastronomischen Trends. «Organisch vegetarisches Restaurant» heißt es beim Eingang. Dass das Essen hier ungekocht ist, wird allerdings verschwiegen. Damit soll die Hemmschwelle für Normalverbraucher heruntergesetzt werden. Die Strategie scheint aufzugehen, das gemischte Publikum besteht aus Familien mit kleinen Kindern, übergewichtigen Büroleuten, Frauen auf dem Weg ins Fitnesstraining.

Das Personal in den hellen T-Shirts und Baseball-Mützen verhält sich freundlich. Es streckt den ankommendenen Gästen sogleich Löffel und Becherchen mit Kostproben entgegen. In den sirrenden Kühlvitrinen stehen Dutzende von Metallbehältern. Acht Glacésorten aus Obst. Elf vorbereitete Gemüse, vier gemischte Salate. Dazu fünf Dressings, von welchen jenes mit Senf und süßem Agavensaft am besten schmeckt. Verschiedene «Pâtés», wie das dicke Mus bezeichnet wird, sollen das Fleisch ersetzen. Das weiße besteht aus Sesamsamen, Zitrone und Knoblauch, das rote aus frischen und getrockneten Tomaten, Olivenöl sowie Knoblauch und Pinienkernen. Ein Cracker aus Leinsamen, Kürbis- und Sonnenblumenkernen ersetzt das Brot; er erweist sich als überraschend knusprig. Von den fünf Suppen ist jene aus Paprika und Kokosmilch der Publikumsrenner.

Sarma Melngailis

«Ich fühle mich **emotional** und beruflich 10 Jahre **verjüngt.**»

Schmunzelnd erzählt mir der Mitinhaber David Norman von einer häufigen Reaktion: Skeptische Neukunden meinen zunächst, sie könnten so etwas wohl «niiee» essen. Doch während des Schlürfens der Kostprobe hellt sich ihr Gesichtsausdruck merklich auf. Und ihr abschließender Kommentar: «Oh, das ist ja köstlich!»

Den Erfolg von «Bonobo's» bezeichnet der Gastgeber als «spektakulär». Wir nippen am süßen Saft einer junger Kokosnuss, welcher den Kaffee ersetzen soll. David Norman ist 61, sieht keinen Tag älter aus als 50 und isst seit sechs Jahren roh. Er wirkt kerngesund und dynamisch. Wie ist er auf diese Kost gekommen? Er sei übergewichtig gewesen, sagt er, mit zu hohem Blutdruck und Cholesterinspiegel sowie Herzproblemen. Alles ins Rollen gebracht habe eine Diskussion der wichtigsten Ernährungsexperten des Landes am TV, die sich auffallend uneins gewesen seien. Als wissbegieriger Mensch kam er im Gespräch mit Freunden darauf, dass die Kost der Bonobos Aufschluss über das «richtige Essen» geben könnte. Diese Affen seien die direktesten Verwandten von uns Menschen mit einer zu 99 Prozent identischen DNA: Sie ernähren sich mehrheitlich roh und pflanzlich, vor allem mit Obst, Gemüse, Nüssen und Samen. Auch die Menschen hätten sich während Hunderttausenden von Jahren gleich ernährt. Diese Argumentation ist grundsätzlich richtig. Die Historiker datieren den Beginn des systematischen Einsatzes von Feuer und damit auch die Möglichkeit zum Kochen auf 60 000 bis 10 000 Jahre vor Christus.

# Von der Rohkost zur «Haute cuisine crue»

Obwohl der Besuch in beiden Lokalen überraschend sympathisch ausfiel, soll Kritik erlaubt sein. Nicht alles schmeckte traumhaft. Die mexikanisch inspirierten Tamales mit weißem Mais und Kakao-Mole – «White Corn Tamales with Raw Cacao Mole» – im «Pure Food and Wine» entpuppten sich als unharmonische, überladene Komposition.

Die rohen Pilze lagen mir fast bis zur Übelkeit auf. Und im «Bonobo's» wurden mir die allgegenwärtigen Nüsse bald zuviel. Vielleicht wegen mangelnder «Gewohnheit», vielleicht wegen einer Unverträglichkeit. Schwierig zu sagen.

## Der Trend entsteht ...

Auch wenn beide Gaststätten ähnliche Produkte favorisieren, der Gegensatz könnte nicht größer sein. Im «Pure Food and Wine» wird mit hochmodernen Technologien und ausgeklügelten Zubereitungsarten gearbeitet, im «Bonobo's» dagegen scheint ein fast fundamentalistisches Pochen auf Jahrmillionen alte Ursprünglichkeit zu herrschen. Auffallend ist jedoch, dass an beiden Orten das Wort «roh» vermieden und umschrieben wird. Es erlangte innert weniger Jahre einen schlechten Ruf. Wer heute in New York «Rohkost» sagt, erntet eine stereotype Reaktion: «Das ist doch dieser sonderbare Kult.» Damit sind die Extremisten gemeint, die in den 80er-Jahren auftauchten und zusammen mit der einseitigen Ernährungsweise ein ideologiebehaftetes Gedankengut verbreiteten, das selbst eingefleischten Vegetariern zu radikal erschien. Ihr Auftreten entsprach dem Begriff «roh» in all seinen Konnotationen: Sie waren unzugänglich, kompromisslos und hart.

Zu den polarisierenden Figuren zählt auch der Pionier des neuen kulinarischen Trends, Juliano Brotman, Sohn eines Restaurantbesitzers in Las Vegas. Er wirft sich vor der Kamera gerne in Pose und spielt dabei mit der Pracht seiner yoga-trainierten Muskulatur. Er schwört, lediglich drei Stunden Schlaf zu brauchen und seit fünf Jahren keinen Schluck Wasser getrunken zu haben, weil er weder den Leitungsnetzen noch den Abfüllfirmen von Mineralwasser traut. Er nimmt nur frisch gepresste Zitrusfrüchte und Kokosnusssaft zu sich. «Wenn Sie lebendige Dinge essen, sind Sie lebendig,» sagt er und malt in düsteren Farben aus, was geschieht, wenn Menschen «tote» Nahrung zu sich nehmen, zu der er Gekochtes zählt.

Zugleich legte Juliano – eine Mischung von Koch und Guru – den Grundstein für die neue «Haute cuisine crue». Kaum 20-jährig, eröffnete er 1994 in San Francisco das Restaurant «Raw», wo er die neue Idee als Erster konsequent umsetzte, indem er kulinarische Klassiker mit rein pflanzlichen rohen Zutaten zubereitete. Ein knuspriger Burger etwa sieht so aus: Die Buletten bestehen aus zerkleinerten Sonnenblumenkernen, Baumnuss-/Walnuss-

# Julianos «raw» in San Francisco

## Ein Pionier lädt zu Tisch.

kernen, Mandeln, Zwiebeln, Peperoni, Pilzen, Rosmarin und Petersilie. Dazwischen liegen Lattich und Tomate. Als «Brötchen» fungieren Buchweizensprossen, die Juliano 10 Stunden an der Sonne «bäckt». Das Ketchup enthält frische wie auch sonnengetrocknete Tomaten, Datteln, Basilikum, Knoblauch, Ingwer und Zwiebeln. Die Schokolade für die Desserts setzt sich aus Caroben (wird aus der Frucht des Johannisbeerbaums gewonnen), Vanille, Datteln, Ahornsirup und Honig zusammen und soll fast gleich wie herkömmliche Schokolade schmecken.

Köche und Köchinnen, die Julianos Idee aufgriffen und weiterentwickelten, ließen nicht lange auf sich warten. Sie versuchten sich in der Imitation von Bestehendem: Calamares aus Totentrompeten, Käse aus Nüssen, Pasta aus Zucchini, Nudeln aus Kokosnussfleisch.

# Von der Rohkost zur «Haute cuisine crue»

Nun gingen die Experimente mit Aromen und Lebensmitteln erst richtig los. Charlie Trotter etwa, ein Spitzenkoch in Chicago, produzierte einen Zehngänger mit dem Ziel, dieses Essen jemandem zu servieren, ohne dass sie oder er in den ersten fünf Gängen bemerkt, dass es sich um rohe Nahrung handelt. Eine herausfordernde Tüftelei: Für einen Gang etwa benötigte er 27 Zutaten. Der Kreativität sind dabei keine Grenzen gesetzt. Ein anderer Spitzenkoch entwickelte eine Technik für das «Weichmachen» von Knoblauchscheiben, indem er sie sechs Stunden über schwachen Wasserdampf hängte Seine Bilanz lautet: «Man kann sich gar nicht vorstellen, wie aufwändig es ist, Essen *nicht* zu kochen.»

## ... und greift um sich

Die neue Cuisine riss Gastrokritiker zu Lobeshymnen hin, sie verteilten auch Höchstnoten. «Sie werden Mühe haben, nicht vor Begeisterung nach Luft ringen zu müssen», schrieb Michael Bauer im «San Francisco Chronicle», als notorisch harter Restaurantkritiker bekannt.

Bei der publikumswirksamsten Spezies, den Hollywoodstars, schlug diese kulinarische Neuigkeit wie eine Bombe ein. Bei Juliano gingen Robin Williams und Bryan Adams, Lisa Marie Presley und Cybill Shepherd ein und aus. K. D. Lang und Lisa Bonet besuchten bei ihm einen Zubereitungskurs. Als regelmäßige Rohköstler gelten inzwischen Donna Karan, Madonna, Sting, Demi Moore, Gwyneth Paltrow. Rund 95 Prozent der heutigen Rohkost-Anhänger in den USA, so meint ein Szene-Kenner, sind nicht auf einen idealistischen Hintergrund aus, sondern auf die optisch verjüngenden Effekte.

Der neue Trend hat den Kontinent bereits verlassen. Auch die deutsche Popsirene Nena (*1960) ist seit Jahren eine bekennende Rohköstlerin. Die vierfache Mutter ist dünn, dynamisch, erfolgreich und damit das Idol von Millionen. Ihre Lieblingsspeise ist die Passionsfrucht, ihr Abendessen kann aus Fenchel, Kohlrabi, Ananas und zwei Datteln bestehen, wozu sie gerne an einem Glas Rotwein nippt. «Wir leben sehr gut ohne Fleisch», sagt die Sängerin, «wir trinken am liebsten Wasser und essen gerne Obst, Nüsse und Gemüse, weil wir glauben, dass ein natürliches, lebendiges Nahrungsmittel immer noch das Beste für uns ist und den Begriff Lebensmittel verdient.» Auch sie vermeidet das Wörtchen «roh» bewusst und gibt sich bedeckt: «Man kann nur selbst herausfinden, was einem gut tut. Für mich zählt die eigene Erfahrung.»

Wir können also nicht sagen: Die spinnen, diese Amerikaner. Nicht nur deshalb, weil es sich in der Tat um die älteste globale Ernährungsform unserer Vorfahren gehandelt haben muss. Sondern vor allem darum, weil die mindestens ebenso radikalen und erfinderischen Vorgänger dieser Bewegung aus der Schweiz und Deutschland stammen.

Nena 2003

«Ein natürliches, lebendiges Nahrungsmittel ist das Beste für uns.»

# Das Paradies essen.

## Utopische Experimente auf dem Monte Verità

Schon einmal lag Rohkost voll im Trend. Um 1900, als sich die Welt im Umbruch befand. Die Industrialisierung griff um sich, die Großstädte wuchsen. Als Reaktion darauf schlossen sich viele Menschen zu losen Gruppierungen in der Lebensreformbewegung zusammen. So etwa Blau-Kreuz-Anhänger, passionierte Wanderer, Feministinnen, Apostel der Nacktkultur, Gegner der Vivisektion und des Impfzwangs, Propheten der freien Liebe. Sie alle interessierten sich auch für Rohkost – diese symbolisierte die Suche nach neuen Lebensformen und alternativem Heil.

Einer der Orte, wo sich Anhängerinnen und Liebhaber besonders utopischer Experimente zusammenfanden, war der bei Ascona (Tessin) gelegene Monte Verità mit seiner Naturheilanstalt. Als «Vegetabilische Pension» pries ein Inserat die neueröffnete Institution an. Zu essen gab es anfangs ausschließlich Rohkost, hauptsächlich Obst. Diese Art der Ernährung hatte einen missionarischen Hintergedanken: sie sollte die Gäste «auf eine sittlich hohe Stufe» bringen, damit sie dem «blutigen Kampf zwischen Mensch und Mensch aus dem Weg gehen».

Es ging hier nicht um weniger als die Befreiung aus der bürgerlichen Enge. Während 18 Saisons traf sich eine internationale kosmopolitische Elite, von denen die Deutschen und Schweizer mehr als die Hälfte ausmachten. Anarchisten, Künstlerinnen und Bohémiennes wie Erich Mühsam, Mary Wigman oder Franziska von Reventlow fanden den Weg hierher.

Dass die Diät gar nicht so eintönig sei, versucht der Werbeprospekt von 1904 weiszumachen, und zählt jede Beerensorte und Nussart einzeln auf. Daneben auch exotische Früchte wie Ananas, Dattel oder Kokosnuss, damals lauter Novitäten. Der Journalist Angelo Nessi notiert akribisch: zum Abendessen gab es zwei Orangen, zwanzig Kirschen, acht Nüsse, sechs Datteln.

Dieser monotonen Speisekarte durften die Gäste allerdings mit hochgradigem Individualismus huldigen. Sie waren weder an Ort noch an Zeit gebunden, auch nicht an eine gemeinsame Tafel. Die gab es gar nicht erst. Dreimal täglich holten sie an einer Wand mit nummerierten Schubfächern die mit Essen gefüllten Tablare. Jede und jeder aß, wo es ihr oder ihm gerade beliebte, in der eigenen Hütte oder im Freien. Das ersparte die peinliche Tischatmosphäre, denn hier trafen allerhand gegensätzliche Geister aufeinander. Darüber berichtet Hermann Hesse, der die Szenerie aus eigener Erfahrung kannte. Der karnivore Raucher weilte drei Wochen auf dem Monte Verità; seine Erfahrungen verarbeitete er in der köstlichen Satire «Doktor Knölges Ende».

Der vorzeitig pensionierte Gymnasiallehrer Knölge macht, von Atemnot und Rheumatismus gezwungen, einmal jährlich eine vegetarische Diätkur. Trotz Abneigung gegen alles Ungewöhnliche und Sonderbare gewöhnt sich der Philologe nicht nur ans Barfußlaufen, sondern auch an «die meist hageren, asketisch blickenden, häufig phantastisch gekleideten Anhänger des reinen Vegetarismus, von denen manche die Haare bis über die Schultern wachsen ließen und von denen jeder als Fanatiker, Bekenner und Märtyrer seines speziellen Ideals durchs Leben ging.»

Bald fühlte sich der gemütliche Knölge in dieser Internationale der Pflanzenesser wohl. Er fand namentlich unter den Franzosen «manchen friedliebenden und rotwangigen Freund, an dessen Seite er seinen jungen Salat und seinen Pfirsich ungestört bei behaglichen Tischgesprächen verzehren konnte, ohne dass ihm ein Fanatiker der strengen Observanz seine Gemischtkostlerei oder ein reiskauender Buddhist seine religiöse Indifferenz vorwarf.» 1909 wurden die allzu strengen Regeln aufgehoben. Auch «Mischkost», Alkohol und Tabak waren nun erlaubt. Man musste marktoffen bleiben. Es gab zu viele ähnliche Institute.

## Glamour im Sanatorium «Lebendige Kraft»

Die Hauptkonkurrenz lag in Zürich. Maximilian Oskar Bircher-Benners Sanatorium «Lebendige Kraft», 1897 als Privatklinik gegründet, wurde 1904 in einen fünfstöckigen Neubau an den Zürichberg verlegt, mit Platz für achtzig Gäste. Auch nach Zürich pilgerte die Klientel aus aller Welt, von den USA bis Russland. Dabei handelte es sich vor allem um Leute aus der betuchten Oberschicht, oft um internationale Prominente. Die Dirigenten Furtwängler, Klemperer weilten hier zur Kur, die Pianistin Elly Ney, die Tanzmeisterin Suzanne Perrotet, die Schauspielerin Irma Gramatica ebenso wie Prinzessin Ghyka aus Florenz und Graf Kefenhüller aus Böhmen. Meist hatten die 4- bis 6-wöchigen Kuren das Abnehmen nach opulenten Monaten in

# Kuren im Sanatorium

## «Lebendige Kraft» mit illustren Patienten.

St. Moritz und Zermatt zum Ziel. Dass diese Crème de la crème nicht an schweren Krankheiten litt, sondern an diffusen Beschwerden, zeigen die Patientenakten.

Unter der illustren Patientenschar befand sich auch der Schriftsteller Thomas Mann, der 1909 schrieb, die Klinik sei ein «hygienisches Zuchthaus». Er müsse um sechs Uhr aufstehen und schon um neun Uhr abends das Licht löschen. «Ich fühle mich wie ein Gras essender Nebukadnezar, der im Luftbad auf allen vieren geht», schreibt er. «Das ist hart, zu Anfang stand ich beständig mit trotzigen Entschlüssen ringend vor meinem Koffer.» Doch er bereut es nicht, durchgehalten zu haben: «Meine störrische Verdauung besserte sich dann ins Erstaunliche, Niedagewesene.»

Im Nobelquartier Zürichberg herrschten in jeder Beziehung andere Sitten als auf dem radikalen Monte Verità. Auch hier arbeiteten die Gäste im Garten, aber nicht nackt, sondern manierlich gewandet. Der Tagesablauf war straff durchgeregelt, Kritik an den Anordnungen des Arztes strikte untersagt. Die Einnahme des Essens erfolgte im luftigen Speisesaal unter Aufsicht. An jedem Tisch saß eine Vertrauensperson, die dafür sorgte, dass die Gäste nicht über ihre Beschwerden klagten und ihr Essen gründlich kauten.

Zum Frühstück gabs ein Schüsselchen voll Apfeldiätspeise, das berühmte Birchermüesli, sowie Früchte, die mit der Schale zu essen waren. Zum Mittagessen wurde zuerst frisches Obst serviert. Dann ein Gang mit einem fein gehackten Gemüsedreiklang, der gemäß den Anweisungen des Hausherrn aus je einem Wurzel-, Frucht- und Blattgemüse bestehen sollte, die farblich harmonierten. Anschließend wurde Salat und ein Glas Apfelsaft gereicht. Zum Abendessen wieder Birchermüesli, Obst und Nüsse. Je länger die Rohkostkur dauerte, desto sehnsüchtiger schauten die Gäste in die Teller der Tischnachbarn, wo bereits gekochte Übergangskost aufgetragen wurde. Einer der Gäste soll vor Verzweiflung sogar seine Zahnpasta aufgegessen haben.

Daneben erhielten die Pensionäre eine Art Wellnessprogramm verpasst. Im Untergeschoß wurden kalte Güsse verabreicht, Wickel und Klistiere appliziert. Letzteres nennt sich heute «Hydro-Colon-Therapie» und ist gerade in den rohköstlerischen Kreisen der Models und Stars wieder sehr en vogue. Die Gäste des Sanatoriums «Lebendige Kraft» wurden abgespritzt, eingeweicht, gelüftet und massiert, bis die Haut prickelte und glühte. Auch Bogenlichtbäder kamen zur Anwendung, das neueste technische Gerät aus Amerika.

Seine Gäste hielt der Hausherr mit viel Charisma und Unkonventionellem bei Laune. In Anknüpfung an die damals noch junge Psychotherapie führte er mit ihnen lange Gespräche über Gesundheit und Gefühle. Eine an Kinderlosigkeit leidende Patientin kurierte er, indem er ihr eigenhändig ein zu enges Korsett aufschnitt. Bei Haussoiréen setzte er sich gerne ans Schlagzeug, wenn Jazzmusik intoniert wurde. Bis 1939, Bircher-Benners Todesjahr, kamen über zehntausend Besucher ins efeuumrankte Sanatorium; viele von ihnen als Stammgäste.

## Der große Neuerer Maximilian Oskar Bircher-Benner

Mit seinem weißen Rauschebart wirkt der Arzt Maximilian Oskar Bircher Benner (1867–1939) wie ein altertümelnder Konservativer, was er jedoch keineswegs war. Im Gegenteil: Der Visionär ließ sich von den schulmedizinischen Erkenntnissen seiner Zeit nicht allzu sehr beeindrucken. Sie bestanden darin, dass Fleisch als Inbegriff von Lebenskraft galt und deshalb in unvorstellbaren Mengen verzehrt werden sollte. Außerdem war man nach Louis Pasteurs Entdeckung der Bakterien in eine wahre Paranoia verfallen. Ärzte, Kochbücher, Zeitungen verkündeten, jede Speise sei unbedingt zu erhitzen. Rohkost galt nicht nur als gefährlicher Infektionsherd, sondern als schwer verdaulich – Kochen wurde als Methode empfohlen, den Verdauungsorganen die Arbeit abzunehmen, besonders bei Krankheit.

Trotzdem wagte der 24-jährige Bircher-Benner mit einer chronisch magenkranken Patientin, die schon einen langen Leidensweg hinter sich hatte, ein Experiment: Er verschrieb ihr eine Diät aus ungekochtem Obst und Gemüse. Ein Wunder geschah. Magen und Darm nahmen die Tätigkeit wieder auf, die Todkranke genas innert Wochen. Weitere Erfahrungen bestärkten ihn. Bald formulierte der Neuerer Richtlinien: Kranken empfahl er, ganz auf Rohkost umzustellen, Gesunden, mindestens die Hälfte ihres Essens ungekocht zu sich zu nehmen.

1900 präsentierte Bircher-Benner im «Zunfthaus zur Saffran» seine Beobachtungen vor versammelter Zürcher Ärzteschaft und erntete damit vernichtende Kritik. «Schade für die Zeit», meinte einer der Kollegen. «Nicht einzusehen, wie das Kochen den Nährwert der Gemüse herabsetzen soll», sagte ein anderer.

Bircher-Benner: der Visionär in Sachen rohe Kost.

Doch der Pionier ließ sich nicht entmutigen. Er machte vorerst ohne offiziellen Segen weiter und lag damit goldrichtig. Ab 1912 bewies die Forschung Schritt für Schritt nicht nur das Vorhandensein diverser Vitamine und bis dato unbekannter Nährstoffe, sondern auch deren Mangel als Ursache für verschiedene Krankheiten. Nicht zuletzt bestätigte sich jetzt auch, dass Gemüse und Früchte besonders vitaminreich sind.

All das hatte der Unbeirrbare in seinen Theorien, die er ab 1903 zu formulieren begann, bereits vorweggenommen. Der Visionär teilte die Nahrung in verschiedene «Akkumulatoren» (akkumulieren = anhäufen) ein, womit er ausdrückt, dass sie unterschiedliche Mengen von «Energie» enthalten. Akkumulatoren erster Ordnung sind für ihn Blätter, Früchte, Samen, Körner, Knollen und Wurzeln – also alle roh essbaren Pflanzen. Für ihn haben sie den höchsten Nährwert. Sein Argument: Pflanzen nehmen über das Blattgrün direkt Sonnenlicht auf und bilden aus anorganischen Stoffen organische Moleküle und verwandeln so Lebloses in Leben. Wer das zu sich nimmt, so Bircher-Benner, esse Sonnenlicht pur. Seine Diät bezeichnet er deshalb gerne auch als «energetische Diät».

«Akkumulatoren zweiter Ordnung» sind für ihn alle gekochten oder veränderten Pflanzen. Als jene «dritter Ordnung» bezeichnet er Fleisch, Pilze, Kaffee, Tee, Schokolade, Kakao, Milchprodukte. Mit dieser Dreiteilung legte er das Fundament für das heute noch gültige Ordnungssystem der Vollwertnahrung.

## Das «Müesli» - die paradiesische Urspeise

Bircher-Benners kulinarischer Hauptbeitrag zur Weltküche ist das «Müesli», das inzwischen auf etlichen Speisekarten zwischen Costa Rica und Thailand auftaucht – überall dort, wo es mitteleuropäische Touristen hin verschlägt. Es ist eines der wichtigsten helvetischen Elemente der postmodernen Lebensweise. Die vom Zürcher Arzt kreierte «Apfeldiätspeise», von ihm auch «d' Spys» genannt, erweist sich als eine meisterhafte Vorläuferin der «Haute cuisine crue». Wie die heutigen US-Köche entwickelte der Arzt innovative Verarbeitungsgeräte wie die Bircher-Reibe und verwendete ein neuartiges Lebensmittel, die Zitrone. Das Originalrezept schmeckt überraschend lecker. 3 Esslöffel Haferflocken 12 Stunden lang mit 3 Esslöffeln Wasser einweichen, einen großen Apfel auf der Bircher-Reibe dazureiben. Sogleich je 1 Esslöffel frischen Zitronensaft, geriebene Haselnüsse und Kondensmilch unterrühren, servieren!

Der Pionier unterstreicht, sein Müesli weise fast den gleichen Eiweiß-, Fett- und Kohlehydratanteil wie die Muttermilch auf. Ein etwas irrational wirkendes Argument.

Schon damals: **Wellness** für den betuchten Gast.

Außerdem betont er, das Müesli sei verwandt mit der Nahrung schweizerischer Alphirten, die seiner Ansicht nach das Beste an der Schweiz verkörpern – nämlich ein naturnahes, gesundes Leben.

Bircher-Benner setzt (wie viele andere auch) auf eine rückwärtsgewandte Utopie. Er nimmt an, dass es in einer weit zurückliegenden Vergangenheit einen perfekten Urzustand gegeben hat. Und dass wir paradiesische Unschuld und Glückseligkeit zusammen mit dem Essen einverleiben können.

## Sektiererische Heilslehre ...

In der Geschichte der Rohkost fällt auf, dass sie oft mit einer Heilslehre gekoppelt wurde. Bircher-Benner etwa ging davon aus, dass die Strahlung der Sonne der sichtbare Ausdruck der kosmischen Schöpfungs- und Ordnungskraft sei. Jedes Lebewesen in der Natur sei von dieser Lebensenergie durchströmt. Wenn wir lebendige Nahrung in Form von pflanzlicher Rohkost zu uns nehmen, soll uns diese Lebensenergie direkt zugute kommen.

Diese esoterisch wirkende Sichtweise boomt heute wie noch nie. Es sind unzählige Bücher auf dem Markt, die davon ausgehen, dass Menschen, die ausschließlich ungekochte Nahrung zu sich nehmen, spiritueller und geistig entwickelter seien. Doch es gibt nichts Neues unter der Sonne: Schon das Alte Testament, eine der ältesten historisch anerkannten Quellen, enthält entsprechende Geschichten.

Das Buch «Daniel» etwa berichtet von einem Experiment zu Zeiten von König Nebukadnezar. Der Prophet Daniel verordnet sich und adeligen Knaben einen zehn Tage langen Verzicht auf die opulente königliche Speisekarte. Stattdessen gibt es bloß Gemüse und Wasser. Und siehe da: «Am Ende der zehn Tage sahen sie besser und wohlernährter aus als alle Knaben, welche die Speise des Königs aßen.» Überdies verlieh Gott Daniel und dreien seiner Freunde aufgrund dieser Diät «Wissen und Verständnis in jeder Schrift und Weisheit». Er wird darum zum Deuter von Visionen und Träumen, zum Ratgeber des Königs. Auch im zweiten Buch der Könige heißt es, dass sich Prophetenschüler von «wilden Gurken und gemahlenem Getreide» ernährten. Der direkte Draht zur Höchsten Instanz lief also über die Nahrung.

## ... und rohe Aggression

Diese religiöse Aufladung der unerhitzten Pflanzennahrung ist der Grund dafür, dass ihre Anhänger so schnell ins Sektierertum kippen und zum Missionarischen neigen, bis hin zu dogmatisierenden Feindseligkeiten. So, als ob es gar nicht um Essen ginge, sondern um einen Kampf gegen das Böse.

Bircher-Benner etwa stürzte sich mit zunehmendem Alter immer lustvoller in polemische Kontroversen. Als 70-jähriger wetterte er gegen die «wohlbestallte Gesellschaft», die Ärzte und die Wirtschaft im allgemeinen, besonders gegen die Viehwirtschaft, die Zucker- und Schokoladeindustrie, die Konservenindustrie, die Hochmüllerei, das Metzgergewerbe, die Alkoholproduzenten, die Fabrikanten chemischer Medikamente usw.

Heute ist eine vergleichbare Entwicklung zu beobachten. Im Verständnis der modernen Rohkost-Extremisten wird das Kochen per se zu einem Akt der Zerstörung. Gekochtes Essen wird dabei einseitig zur permanenten körperlichen Bedrohung, zu einer Quelle von

«Ein naturnahes, gesundes Leben.»

Verschlackung oder Vergiftung, bis hin zur Phobie. Juliano Brotman etwa, der große Pionier unter den Köchen, meint in einem Rundumschlag: «Mit dem Feuer kam das gekochte Essen und nun sind wir alle dick, ungesund, sterbend, krank ...»

In seiner schon erwähnten Satire «Doktor Knölges Ende» bringt Hermann Hesse diese Kombination von Utopie, Heilslehre und Aggression auf den Punkt. Der gemütliche Gymnasiallehrer Knölge mutiert nach seinen Kurerfolgen zum vorsichtigen Rohkostfan. Er vernimmt, dass eine «idealistische Gruppe deutscher, holländischer und österreichischer Pflanzenesser», eine Art vegetarischen Zionismus anstrebend, ein Stück Land in Kleinasien kaufen, «Quisisana» genannt. Aus aller Welt treffen dort die Exzentriker ein, «flüchtig gegangene Priester und Lehrer aller Kirchen, falsche Hindus, Okkultisten, Sprachlehrer, Masseure, Magnetopathen, Zauberer, Gesundbeter, Wunderdoktoren, Yogis».

Die extremsten sind die Frugivoren, die Früchteesser. Sie wollen immer natürlicher werden, essen «nichts, als was vom Baum oder Strauch zu brechen war». Konsequentester Vertreter dieser Richtung ist Bruder Johannes. Seine Rückkehr zur Natur sei schon so weit fortgeschritten, spöttelt Hesse in Anspielung auf die menschliche Abstammung vom Affen, dass seine Daumen und die großen Zehen in einer wunderbaren Rückbildung begriffen waren. «Sein ganzes Wesen und Leben stellte die beharrlichste und gelungenste Rückkehr zur Natur vor, die man sich denken konnte.»

Johannes lebt nur noch auf den Bäumen, erscheint jeden Morgen auf seinem Lieblingsast und schwingt sein losgelöstes Lendentuch höhnisch in die Lüfte. Bald naht das Ende des sympathischen Doktor Knölge: Zum Gorilla mutiert, stürzt sich Johannes auf den friedfertig Spazierenden und erdrosselt ihn in einem Anfall von roher Urgewalt. Weil er Leute, die Gekochtes essen, verabscheut.

# Die Fakten

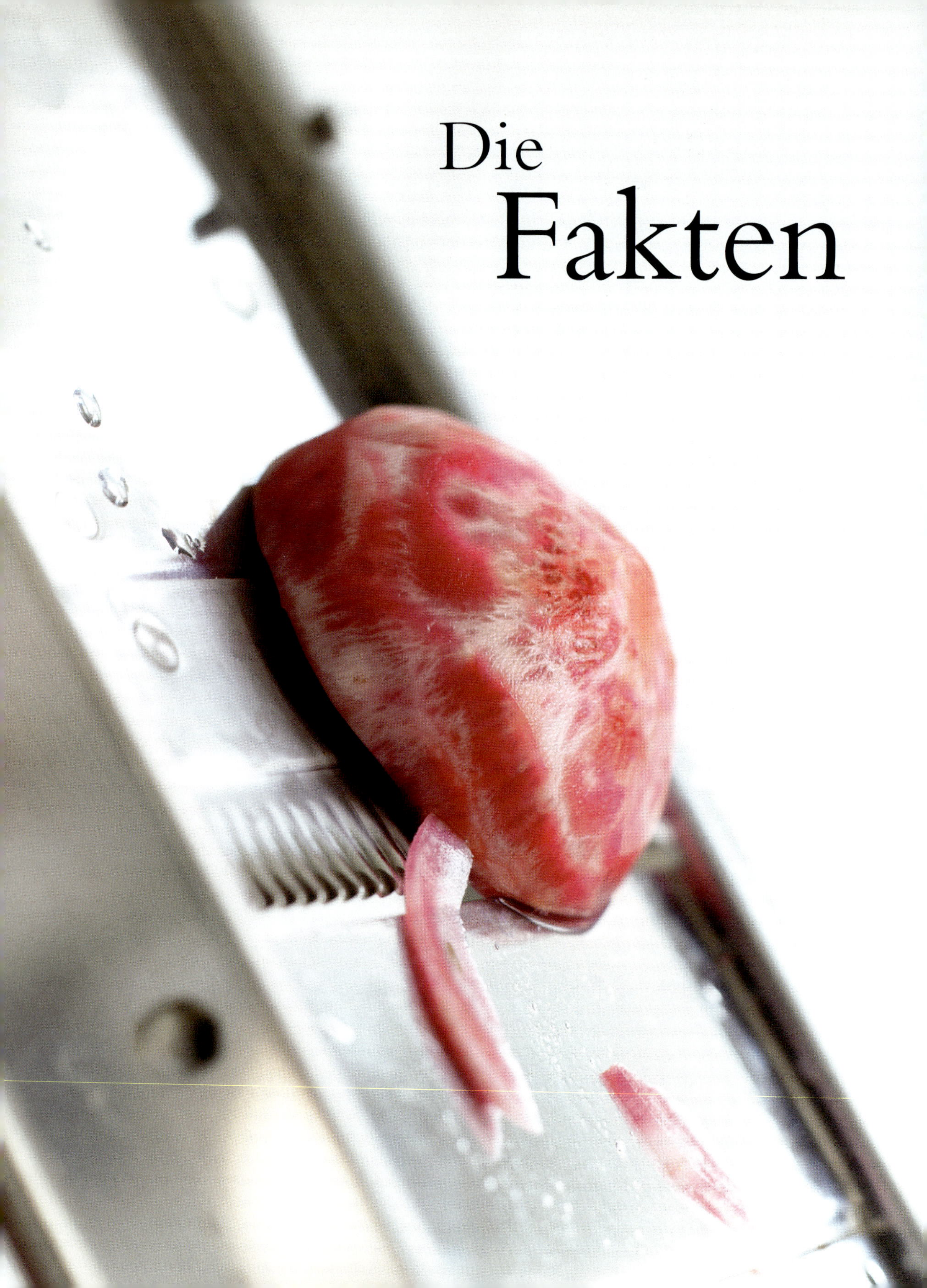

# Einführung

## Radikaler Theoriendschungel

Unlängst meldete sich Silvia auf dem Internetforum «La Commune du Cru». Sie interessiere sich neuerdings für ungekochtes Essen und habe sich in die Lektüre diverser Bücher vertieft. Nun sucht sie Rat: «Eigentlich finde ich Bücher ja super, aber die angebotene Menge hinsichtlich Rohkost ist eher verwirrend ... Einer isst Instincto (Burger), der andere mampelt nur Obst (Wandmacker) und wieder ein anderer isst alles über der Erde/Sonnen-Diät (Bieder oder so)... Häääää ... Kann man bei Rohkost nicht einfach das essen, was einem schmeckt?» Damit spricht Silvia ein wichtiges Problem an, nämlich den Theoriendschungel. Guy-Claude Burger und Helmut Wandmacker etwa vertreten auf verabsolutierende Weise Lehren, die sich widersprechen: Der erste plädiert für rohes Fleisch, der zweite wettert vehement dagegen.

Diese beiden selbsternannten Gurus sind der Schlusspunkt einer Entwicklung, die im Laufe von über hundert Jahren unzählige rohköstlerische Lehren ins Land kommen sah. Lange Zeit dominierten eher die gemäßigten therapeutischen Ansätze. Sie unterschieden sich im empfohlenen prozentualen Anteil tierischer und ungekochter Lebensmittel. Seit den 80er und 90er Jahren erscheinen vermehrt Bücher, die eine rundum rohe Ernährung als optimal für alle Menschen propagieren. Sie stammen fast ausschließlich von Laien.

Eberhard Wolff, Medizinhistoriker, rät zur grundlegenden Skepsis gegenüber solchen Totalerklärungen. Er warnt gerade, was diese verabsolutierenden Theorien betrifft, vor «ideologisierten Informationen», das heißt vor Pseudofakten, die den Glaubenshorizont ihrer Informanden bestätigen. Zusätzlich weist Wolff darauf hin, dass langfristig gesehen die Ratschläge der offiziellen Ernährungswissenschaft und der Schulmedizin sowieso alle paar Jahre wechseln. Er würde das alles sehr gelassen nehmen.

Damit hat er völlig recht. Gekochtes anzufeinden entbehrt jeder sachlichen Grundlage. Die Erhitzung vergrößert die Geschmackspalette und erhöht damit den Gaumenkitzel.

Der Kochprozess hilft auch, roh unverträgliche oder gar giftige Stoffe (Hülsenfrüchte) zu eliminieren. Andere Stoffe, so das Kalzium in pflanzlichen Produkten, werden durch Hitzebehandlung zu einem höheren Prozentsatz resorbierbar und somit für den Körper verfügbar gemacht. Darüber hinaus tötet die Erhitzung schädliche Mikroorganismen ab, Salmonellen in Eiern und Geflügel, vor allem auch tropische Parasiten, die gravierende Gesundheitsschäden anrichten können.

Überdies ist inzwischen erwiesen, dass sich eine zu 100 % rohe Ernährung für die Mehrheit der Menschen auf Dauer nicht bewährt. Das bringt die Gießener Studie an den Tag: Sie untersuchte 200 Menschen, welche diese Form der Ernährung mindestens 14 Monate und im Durchschnitt dreieinhalb Jahre praktiziert hatten. Über 60 % von ihnen als Vegetarier, fast ein Viertel als Veganer. Das Resultat hat gezeigt, dass 57 % der Probandinnen und Probanden die empfohlene Nahrungsenergie nicht erreicht hatten. Festgestellt wurde ein Mangel an Vitamin $B_{12}$ und D, an Kalzium, Zink und Jod. 43 % der männlichen und 15 % der weiblichen Rohköstler litten an Anämie. Über die Hälfte war untergewichtig. Zudem litten die Untersuchten unter Zahnproblemen, Unterkühlung, Menstruationsstörungen und Beeinträchtigung der Knochengesundheit. Als vorteilhaft erwies sich vor allem die Zufuhr an Ballaststoffen und Antioxidantien.

## Zwischenbilanz nach 100 Jahren

Nach gut hundert Jahren ist eine vorsichtige Bilanz angezeigt. Die Auswertung fast aller deutsch- und englischsprachigen Rohkost-Literatur, die in diesem Zeitraum veröffentlicht wurde, zeigt eindeutig: Ein reichlicher Verzehr von Gemüse und Obst vermag das Risiko verschiedener Zivilisationskrankheiten erheblich zu senken. Die sich aus jahrzehntelanger klinischer Erfahrung ergebende Indikation für Rohkost reicht von Asthma bis Zwölffingerdarmgeschwür (Tabelle Seite 35).

Trotz der unbestrittenen Heilungserfolge fehlen kontrollierte klinische Studien weitgehend. So überideologisiert das Thema bei Randbewegungen ist, so untererforscht bleibt es in der Schulmedizin. Dabei erweist sich die positive Wirkung einer reichlichen Zufuhr unerhitzter pflanzlicher Nahrung (im Rahmen einer ausgewogenen Mischkost) aufgrund der darin enthaltenen Nährstoffe als völlig unbestritten. Die Ballaststoffe halten die Darmtätigkeit in Schwung und sorgen für die Bindung und Ausscheidung von Schadstoffen, zudem stärken sie das Immunsystem. Die Vitamine und Mineralstoffe wirken als Bio-Katalysatoren. Die Menge der kostbaren Nährstoffe ist übrigens bei Sprossen und Keimlingen besonders hoch (Tabelle Seite 34).

Aufregende Resultate zeigt die aktuellste Erforschung der mehreren Tausend größtenteils hitzelabilen «sekundären Pflanzenstoffe», die mit der Nahrung aufgenommen werden: Farben, Düfte, Aromen. «Vieles deutet darauf hin», schreibt der Fachmann Edmund Semler, «dass die gesundheitsfördernde Wirkung von Gemüse und Obst im Wesentlichen auf dem Zusammenwirken der in einem natürlichen Lebensmittel vorhandenen Substanzen beruht. Dabei handelt es sich um additive und synergetische Effekte.» Inzwischen gilt als erwiesen, dass die antioxidative und krebshemmende Wirkung mehrheitlich darauf zurückzuführen ist. Schon Bircher-Benner bezeichnete unerhitzte pflanzliche Kost als «pharmakologisches Arsenal».

Auf den Seiten 37 bis 39 finden Sie die Antworten auf die häufigsten konkreten Fragen betreffend unerhitzte Frischkost in der Praxis. Wir halten uns dabei in gut mitteleuropäischer Manier an das sorgfältig Abgewogene und langfristig Bewährte.

# Farben, Düfte und Aromen

# In den Sprossen kumulieren sich die Vitamine.

## Fantastische Sprossen

Durch den Keim-/Sprießprozess nimmt der Vitamingehalt zwischen 50 % und 60 % zu. *Beispiel: Die Mungobohne*

| Vitamin | Zunahme |
|---|---|
| A | 208 % |
| $B_1$ | 285 % |
| $B_2$ | 515 % |
| $B_3$ | 256 % |
| C | unbegrenzt |

Auch der Mineralstoffgehalt steigt innert weniger Tage.
*Beispiel: Weizenkorn und Alfalfasamen*

| mg pro 100 g | Kalzium | Magnesium | Eisen |
|---|---|---|---|
| Weizenkorn | 45,0 | 145,0 | 3,0 |
| Weizensprossen | 70,0 | 250,0 | 8,0 |
| Alfalfasamen | 1,2 | 4,2 | 9,0 |
| Alfalfasprossen | 218,0 | 435,0 | 12,0 |

## Krankheiten

Krankheiten, bei denen eine erhöhte Zufuhr an rohen Lebensmitteln oder Rohkostkuren nachweislich helfen:

| |
|---|
| – Rheumatische Erkrankungen<br>*chronische Polyarthritis, Arthritis, Arthrose usw.* |
| – Herz-Kreislauf-Krankheiten<br>*Bluthochdruck, Angina pectoris, Arteriosklerose, Herzrhythmusstörungen usw.* |
| – Allergische Erkrankungen, Asthma |
| – Hautkrankheiten<br>*Ekzem, Neurodermitis, Schuppenflechte, Akne, Hauttuberkulose, Rosacea, Gangrän, Nesselsucht, Lupus erythematodes usw.* |
| – Multiple Sklerose *v. a. im Frühstadium* |
| – Diabetes Typ II |
| – Fettsucht |
| – Nieren- und Harnwegerkrankungen |
| – Schilddrüsenerkrankungen |
| – Kopfschmerzen, besonders Migräne |
| – Magen-Darm-Krankheiten<br>*Magen- und Zwölffingerdarmgeschwür, Gastritis, Verstopfung, Colitis ulcerosa, Morbus Crohn, Kolitis usw.* |
| – Leber- und Gallenerkrankungen<br>*Leberzirrhose, Gallensteine, Gallenblasenentzündung usw.* |
| – Neuralgien, Epilepsie, Grüner Star, Mandelentzündung |
| – Prostatabeschwerden |
| – Chronisches Müdigkeitssyndrom |

## Vitaminverlust beim Kochprozess

| **Vitamin** | **Verlust** |
|---|---|
| A | 10–30 % |
| $B_{12}$ | 45–55 % |
| C | 70–80 % |
| $D_2$ | gering |
| E | 50 % |
| Lecithin | vollständig |
| Thiamin | 25–45 % |
| Riboflavin | 40–48 % |
| Biotin | bis 72 % |
| Pantothensäure | bis 44 % |
| Folsäure | bis 97 % |
| Inositol | bis 95 % |

# Die häufigsten praktischen Fragen rund um die Rohkost

## ... und die Antworten

Die Antworten gibt Noemi Koch-Cadosi, Gesundheitsberaterin für Ernährung UGB, freischaffende Dozentin für Ernährungsfragen.

*Zahlreiche Stars und Models schwimmen zur Zeit auf der Rohkost-Welle. Sie schwärmen von Beauty-Effekten, etwa der straffen, reinen Haut, und der zusätzlichen Energie. Wie ist das zu erklären?*

Das Plus an Energie dürfte von der intensiven Zufuhr von Vitalstoffen stammen, von den zahlreichen in der pflanzlichen Rohkost enthaltenen Vitaminen und Mineralstoffen. Auch von den Aromen, Duft- und Farbstoffen, welche die Wissenschaft als «sekundäre Pflanzeninhaltsstoffe» bezeichnet und deren gesundheitsfördernde Wirkung inzwischen nachgewiesen ist. Die gute Haut dürfte auf das Fehlen der tierischen Produkte zurückzuführen sein, die entzündliche Prozesse verursachen können.

*Bei den extremen Rohköstlern kursiert zur Zeit die Gleichung: ungekochtes Essen ist lebendig, gekochte Nahrung hingegen tot. Stimmt das?*

Nicht so einseitig. Rohes Obst und Gemüse enthält viele Vitamine und Enzyme, etliche davon überleben die Erhitzung nicht. Hingegen wird die Mineralstoffverfügbarkeit für den Körper durch das Kochen sogar optimiert. Es braucht also beides.

*Der neue kulinarische Trend forciert die Verwendung frischer Bioprodukte. Ist das sinnvoll?*

In jeder Hinsicht. Bioprodukte enthalten nicht nur keine bis minimale Rückstände von Agrochemikalien, sie schmecken nachweislich auch intensiver.

*Ist Rohkost für alle gleich geeignet?*

Nein. Die Verträglichkeit ist sehr individuell, es kommt auf die Verdauungsleistung an. Die einen vertragen süße Birnen, die anderen saure Äpfel. Den Ausschlag gibt ausschließlich die eigene Erfahrung. Man sollte nicht generalisieren, auch nicht allzu dogmatisch typologisieren.

# Die häufigsten praktischen Fragen rund um die Rohkost

*Woran merkt man, ob man Ungekochtes verträgt oder nicht?*

Es gilt: Wenn ich es gern habe, schadet es mir nicht. Wenn man etwas Rohes isst und sich dabei und hinterher wohl fühlt, verträgt man es. Indikatoren für eine Unverträglichkeit können Darmkrämpfe oder Blähungen sein. Entscheidend jedoch ist gutes Kauen, es speichelt ein und aktiviert die Verdauungsenzyme.

*Blähungen scheinen in diesem Zusammenhang ein Hauptproblem zu sein.*

Wenn jemand, der es nicht gewohnt ist, seinen Rohkost-Anteil plötzlich erhöht, kann das zu Beginn zu Gasbildung führen. Grund sind gewisse Darmbakterien, die mit der schlagartig anwachsenden Zufuhr an Faserstoffen überfordert sind. Doch sie gewöhnen sich mit der Zeit daran, erfahrungsgemäß nach einigen Tagen oder Wochen. Blähungen können aber auch zahlreiche andere Ursachen haben, etwa Parasiten, Candida oder Lebensmittelunverträglichkeiten.

*Spielt die Kombination der Produkte eine Rolle?*

Ja. Früchte in Kombination mit Salzigem können zu starken Blähungen führen.

*Gibt es Empfehlungen betreffend der Reihenfolge, in welcher Ungekochtes gegessen werden sollte?*

Es ist sinnvoll, Rohes vor Gekochtem zu essen. Die Verdauungsleistung ist besser und die Vitamine werden zudem von den Verdauungsenzymen besser geknackt.

*Wie hoch soll der Anteil an Ungekochtem sein?*

Bei Verträglichkeit sind 50 % optimal. Diese Empfehlung hat sich im Laufe der letzten hundert Jahre bewährt. Dieser Anteil ist auf Dauer geschmacklich ansprechend, sozial verträglich, gesundheitlich vorteilhaft und zudem praktikabel. Dazu zählen auch Öle, Samen, Kräuter, frischgepresste Säfte, Rohmilch, unerhitzte Sauermilchprodukte.

*Auch die Limette in der Caipirinha? Anders gefragt: Kann sich der Nutzen des Ungekochten in Kombination mit solch ungesunden Dingen wie Alkohol überhaupt entfalten?*

Durchaus, solange diese in moderaten Mengen konsumiert werden.

*Was geschieht, wenn jemand überhaupt keine Rohkost isst?*

Es kommt vor allem wegen der fehlenden Faserstoffe zu gesundheitlichen Problemen. Verstopfung und eine Verschiebung des Darmmilieus sind mögliche Folgen. Auch ein Vitaminmangel kann nicht ausgeschlossen werden, vor allem an Vitamin C. Daraus können massive Probleme des Immunsystems resultieren.

*Spielt die Jahreszeit eine Rolle? Viele Menschen bevorzugen Rohes im Sommer.*

Das entspricht dem natürlichen Rhythmus, nicht zuletzt der größeren Auswahl und Vielfalt an saisonalen Angeboten. In dieser Hinsicht sollte man ebenfalls auf den Körper hören.

«50 % rohe Kost sind optimal.»

*Was geschieht, wenn ich einen Tag, eine Woche, einen Monat oder ein Jahr lang nur roh esse?*

Ein Tag oder eine bis zwei Wochen sind sehr gut für die Entschlackung oder als Alternative zu einer Fastenkur. Einen Monat schadet auch nichts, vor allem wenn Rheuma, Herz-Kreislauf-Erkrankungen oder Fettsucht vorliegen. Wer hingegen ein Jahr oder länger nur roh und pflanzlich isst, kann Mangelerscheinungen bekommen. Allerdings gibt es auch Menschen, die damit blendend zurecht kommen, es ist eine Frage der Konstitution und Verdauungskraft. Auch in dieser Hinsicht kann man nicht generalisieren.

# Anleitung zur Sprossenzucht

Die Handhabung der Sprossenzucht ist bei Befolgung gewisser Regeln sehr einfach.

## Glas für die häusliche Sprossenzucht

Das einfachste Gerät ist ein normales Einmachglas mit Schraubverschluss. Der Deckel kann durch ein giftfreies Gaze-/Mulltüchlein ersetzt werden, oder man bohrt ein paar Löcher in den Deckel. Im Naturkostladen gibt es auch spezielle Sprossengläser. Aus hygienischen Gründen kann nur die dynamische Kultivation (Glas mit Bewegung) empfohlen werden. Die statische Kultivation (mit Schale, Kuchenblech, Tuch, Watte) produziert zu hohe Bakterienwerte.

Die Glasgröße ist abhängig von der Art und der Menge der Sprossen. Ein 1-Liter-Glas eignet sich für Getreide und Hülsenfrüchte, ein 2-Liter-Glas für Zwiebeln-, Fenchel- und Koriandersprossen, ein 3-Liter-Glas für alle Grünblattsprossen wie Alfalfa, Brokkoli, Kohl, Rettich, Sonnenblumenkerne usw.

## Was eignet sich für die Sprossenzucht?

Allgemein nur unbehandeltes Saatgut verwenden. Gartensamen sind häufig chemisch behandelt. Eine große Auswahl an guten Samen sind im Reformhaus, im Bioladen sowie in der Drogerie mit Reformabteilung erhältlich.

- Ungeschältes Getreide, das nicht chemisch behandelt oder bestrahlt worden ist und Bio-Getreide mit Demeter- oder Knospe-Signet: z. B. Buchweizen, Dinkel, Hirse, Roggen, Weizen, Sprießkornhafer, Sprießkorngerste, Quinua u. a.
- Samen: Alfalfa, Brokkoli, Cima di Rapa, Fenchel, Kohl (Chinakohl, Rotkohl), Kresse, Leinsamen, Rettich, Rucola, Senf, Sesam, Zwiebeln
- Kerne: Erdnüsse, Kürbiskerne, Sonnenblumenkerne
- Hülsenfrüchte (Leguminosen): Bockshornklee, Kichererbsen, Linsen, Mungobohnen u. a.

## Sprossen-Tabelle

| Produkt | Einweichzeit | Sprießzeit | Spülen |
|---|---|---|---|
| Alfalfa | 6–12 h | 4–5 Tage | 2 x |
| Bockshornklee** | 6–12 h | 2–7 Tage | 2 x |
| Brokkoli** | 6–12 h | 3–4 Tage | 2 x |
| Buchweizen, ungeschält | 6 h | 5–7 Tage | 2 x |
| Buchweizen, geschält | 6–12 h | 2 Tage | 2 x |
| Chinakohl** | 6–12 h | 3–4 Tage | 2 x |
| Cima di Rapa** | 12 h | 3–4 Tage | 2 x |
| Dinkel | 6–12 h | 3 Tage | 2 x |
| Erdnuss | 12 h | 2–4 Tage (21°C) | – |
| Fenchel** | 3 h | 9–12 Tage | ab 4. Tag alle 2 Tage 1 x |
| Gerste, Sprießkorn- | 6 h | 3 Tage | 2 x |
| Hafer, Sprießkorn- | 2–3 h | 2–3 Tage | 2 x |
| Hanf* | 6–12 h | 2–3 Tage | 2 x |
| Hirse | 6–12 h | 1–3 Tage | 2 x |
| Kichererbsen | 12 h | 2–3 Tage | 2 x |
| Koriander* | 3 h | 9–12 Tage | ab 4. Tag alle 2 Tage 1 x |
| Kresse* | 12 h | 4–5 Tage | 2 x |
| Kümmel* | 3 h | 9–12 Tage | ab 4. Tag alle 2 Tage 1 x |
| Kürbiskerne | 6–12 h | 2 Tage | 2 x |
| Leinsamen* | 6 h | 1–2 Tage | 1 x |
| Linsen braun, groß | 12 h | 2–3 Tage | 2 x |
| Linsen grün, klein | 12 h | 2–3 Tage | 2 x |
| Mungobohnen (in warmes Wasser einlegen) | 12–24 h | 4 Tage | 1–2 x |
| Rettich** | 6–12 h | 3–5 Tage | 2 x |
| Roggen | 6–12 h | 2–3 Tage | 2 x |
| Rucola* | 6–12 h | 4–5 Tage | ab 4. Tag täglich 2 x |
| Senf* | – | 4–5 Tage | 2 x |
| Sesam, ungeschält | 3–6 h | 1–2 Tage | 2–3 x |
| Sonnenblumenkerne, geschält | 6–12 h | 1–2 Tage | 2 x |
| Sonnenblumenkerne, ganz | 6–12 h | 7–9 Tage | 2 x |
| Weizen | 6–12 h | 2–3 Tage | 2 x |
| Zwiebeln | 3 h | 9–12 Tage | alle 2 Tage 1 x |

* Für gute Sprießresultate mit Alfalfa mischen; Verhältnis 1:9, also 10 % Senfsamen und 90 % Alfalfasamen.

** Können mit Alfalfa oder untereinander gemischt werden.

Spülen: Im Sommer auch mittags spülen.

## Anleitung

### 1. Tag – Abend

1 bis 2 gestrichene Esslöffel Alfalfasamen in etwa ½ Liter Wasser eine Nacht (siehe auch Sprossen-Tabelle Seite 42) bei Raumtemperatur im Sprossenglas einweichen.

### 2. Tag – Morgen

Einweichwasser abgießen, als Gießwasser für die Pflanzen verwenden. Von manchen Samen/Kernen darf das Einweichwasser auch getrunken werden, z. B. von Alfalfa, Sonnenblumen oder Bockshornklee. Samen durch den Deckel/Gaze-/Mulltüchlein unter fließendem handwarmem Wasser gut spülen. Das Glas schräg, mit der Öffnung nach unten stellen, damit das Restwasser abfließen und Sauerstoff einströmen kann.

### Spülen bis zur Ernte

Täglich morgens und abends, im Sommer auch mittags spülen.

### Raumtemperatur

Für die Sprossenzucht braucht es eine Raumtemperatur von etwa 20 °C.

### Grünung der Blättersprossen (Chlorophyllbildung)

Für Alfalfa und Mischungen mit Alfalfa sowie Rettich und Kohl gilt: Sobald sich die Samenhülsen lösen, das Sprossenglas zur Grünbildung der Blättchen ins Licht stellen (Fensternähe oder direktes Sonnenlicht).

### Enthülsungsbad für Blättersprossen

Das Entfernen der Hülsen verlängert die Haltbarkeit der Sprossen und verfeinert den Geschmack. Sprossen in einer großen Schüssel in handwarmem Wasser baden. Schwimmende Samenhülsen entfernen und die Sprossen zum Abtropfen in ein Sieb geben und ungefähr 2 Stunden mit einem Tuch bedeckt trocknen lassen.

### Sprossen aufbewahren

Genussreife/essfertige, getrocknete Sprossen können in Frischhaltedosen oder Plastikbeuteln mit Löchern ohne weiteres eine Woche, teilweise auch länger, im Kühlschrank aufbewahrt werden. Vor Gebrauch unter fließendem kaltem Wasser nochmals gut abspülen. Auf Fäulnis und Schimmel überprüfen.

## Was wurde falsch gemacht?

Wenn das Saatgut schlecht sprießt, kann das viele Gründe haben:

- Das Saatgut ist behandelt worden (bestrahlt, chemisch behandelt).
- Das Saatgut ist zu alt.
- Das Saatgut ist beschädigt (Sprießgetreide).
- Im Sprossenglas war es zu trocken oder zu feucht.
- Die Samen können nicht sprießen, weil die Temperatur zu niedrig ist (ideal sind 20 °C).
- Die Samen faulen, weil sie zu nass sind oder die Belüftung schlecht.
- Das Saatgut wurde zu lange eingeweicht.
- Im Sprossenglas hat es zu viel Saatgut, die Luftzirkulation ist dadurch ungenügend.
- Die Sprossen schimmeln; das Glas muss besser gereinigt und die Sprossen regelmäßig gespült werden.

# Getränke

# Mandelmilch

Abbildung

**Küchengeräte:**
**Bechermixer, mittelfeines und feines Sieb**

für ca. 1 Liter

200 g ungeschälte Mandeln
1 l Wasser
8 Datteln, entsteint

**1**
Die Mandeln mit etwas Wasser übergießen und 2 Tage quellen lassen. Das Wasser alle 12 Stunden wechseln.
**2**
Die eingeweichten Mandeln in Eiswasser (Wasser mit Eiswürfeln) legen und gut durchkühlen lassen.
**3**
In einem großen Topf Wasser aufkochen. Mandeln in ein Lochsieb geben und genau 7 Sekunden ins kochende Wasser tauchen, sofort wieder zurück ins Eiswasser geben. Die Haut lässt sich nun problemlos entfernen.
**4**
Geschälte Mandeln zusammen mit Wasser und entsteinten Datteln im Bechermixer sehr fein pürieren. Mandelmilch zuerst durch das mittelfeine, dann durch das feine Sieb gießen. Bis zur Verwendung im Kühlschrank aufbewahren, möglichst bald genießen.

**Zubereitungszeit 20 Minuten**

# Crazy Monkey

**Kokosnuss-Bananen-Drink**

**Küchengeräte:**
**Bechermixer, Zitruspresse, feines Sieb**

für 4 Drinks

1 Kokosnuss, alles Fruchtfleisch und Kokosnusswasser
2 Bananen
1 Zitrone, Saft
3 Grapefruits, Saft
einige Eiswürfel

Die Kokosnuss an den weichen «Augen» mit einem spitzen Gegenstand, z. B. einer Fleischgabel anbohren, das Kokosnusswasser in den Bechermixer gießen. Kokosnuss aufschlagen, das Fruchtfleisch von der Schale schneiden, in den Bechermixer geben. Bananen schälen, zusammen mit Zitronen- und Grapefruitsaft in den Mixer geben, sehr fein pürieren. Nach Belieben den ganzen Becherinhalt oder nur einen Teil durch ein Sieb passieren.
**Tipp**
Mit Eiswürfeln servieren.

**Zubereitungszeit 20 Minuten**

# Frozen Banana-Shake

**Küchengeräte: Bechermixer, feines Sieb**

für 4 Drinks

100 g geschälte Mandeln,
siehe Mandelmilch Seite 46
4 Bananen
½ l kaltes Wasser
4 EL Honig

**1**
Bananen schälen, Früchte in Scheiben schneiden, auf ein Backpapier legen und im Tiefkühler gefrieren lassen. Bis zur Verwendung in einen Gefrierbeutel füllen und im Tiefkühler belassen.
**2**
Geschälte Mandeln mit Wasser sowie Honig im Bechermixer sehr fein pürieren. Mandelmilch zuerst durch das mittelfeine, dann durch das feine Sieb gießen. Zurück in den Mixer geben, mit den gefrorenen Bananenscheiben zu einem Shake pürieren. Sofort genießen.

**Zubereitungszeit 20 Minuten**

# Green Cooler

Abbildung

**Küchengerät: Saftzentrifuge**

für 4 Drinks

1 Limette
2 Salatgurken
6 Äpfel
einige Eiswürfel

**1**
Limetten, Salatgurken und Äpfel waschen und ungeschält in der Saftzentrifuge zu Saft verarbeiten.
**2**
Green Cooler gut durchrühren, sofort auf Eis servieren.

**Zubereitungszeit 5 Minuten**

# Ice Chai

Abbildung

**Küchengeräte: Bechermixer, feines Sieb**

für 4 Drinks

2 junge Kokosnüsse (Asienladen)
100 g geschälte Mandeln,
siehe Mandelmilch S. 46
2 dl/200 ml Wasser
8 Datteln, entsteint
2 EL fein geriebener Ingwer
¼ TL fein gemahlener schwarzer Pfeffer
¼ TL Kardamompulver
1 Prise Gewürznelkenpulver
½ TL Zimtpulver

Eiswürfel

**1**
Kokosnüsse aufsägen, Kokosnusswasser in den Bechermixer gießen. Kokosnussfleisch ausschaben, mit den übrigen Zutaten in den Bechermixer geben und sehr fein pürieren. Ice Chai zuerst durch das mittelfeine, dann durch das feine Sieb passieren.
**2**
Ice Chai über Eiswürfel gießen, sofort servieren.

**Zubereitungszeit 30 Minuten**

# Sonnenschein-Tee

ergibt 2 Liter

1 Bund Pfefferminze oder Zitronenverbene oder Zitronenmelisse
1 Zitrone, in Scheiben
2 l Wasser
flüssiger Honig nach Belieben

**1**
Kräuter und Zitronenscheiben mit dem Wasser in einen großen Glaskrug füllen, mit Klarsichtfolie verschließen.
**2**
Glaskrug einige Stunden in die Sonne stellen, bis der Tee eine schöne, goldgelbe Farbe hat und aromatisch ist.
**3**
Tee mit Honig süßen, «sonnenwarm» oder über Eiswürfeln servieren.

**Zubereitungszeit 5 Minuten
zuzüglich einige Stunden zum Ziehen lassen**

# Erdbeer-Shake

Abbildung

**Küchengerät: Bechermixer**

für 4 Drinks

500 g Erdbeeren
2 Bananen
4 dl/400 ml Wasser
1 Tasse (2½ dl/250 ml) Eiswürfel
1 Vanilleschote

**1**
Erdbeeren mit fließendem kaltem Wasser überbrausen, entstielen. Bananen schälen und in feine Scheiben schneiden.

**2**
Erdbeeren, Bananen, Wasser und Eiswürfel in den Bechermixer geben. Vanilleschote aufschneiden, das Mark abstreifen und in den Bechermixer geben, sehr fein pürieren. Sofort servieren.

**Variante**
Erdbeeren durch Himbeeren, Heidelbeeren/Blaubeeren oder Brombeeren ersetzen.

**Zubereitungszeit 10 Minuten**

# Indian Sunrise

**Küchengeräte: Bechermixer, feines Sieb**

für 4 Drinks

2 reife, weiche Mangos
2 Bananen
2 junge Kokosnüsse (Asienladen)
2 dl/200 ml Wasser
1 Zitrone, Saft

**1**
Mangos mit Messer oder Sparschäler schälen, Fruchtfleisch vom Kern schneiden und in den Bechermixer geben.

**2**
Bananen schälen, in Stücke schneiden, in den Bechermixer geben.

**3**
Kokosnüsse aufsägen, Kokosnusswasser in den Bechermixer gießen. Das Fruchtfleisch ausschaben, mit Wasser und Zitronensaft in den Bechermixer geben, fein pürieren. Nach Belieben durch ein feines Sieb passieren.

**4**
Indian Sunrise nach Belieben auf Eiswürfeln servieren.

**Zubereitungszeit 20 Minuten**

# Brote - Müesli

# Essener Brot Grundrezept

**Küchengeräte:**
**Cutter, Dörrautomat**

für einen Brotfladen von ca. 500 g

200 g Weizen- oder Dinkelkörner
1 dl/100 ml Wasser
50 g Buchweizenmehl
wenig Buchweizenmehl zum Formen
50 g Leinsamen
¼ TL Meersalz
⅓ TL gemahlenes Brotgewürz

**1**
Getreide keimen: Seite 42–43.

**2**
Getreidekeimlinge mit Wasser (1 dl/100 ml) und Salz im Cutter zerkleinern, restliche Zutaten untermischen, mit wenig Mehl zu einem flachen, etwa 2½ cm dicken Fladen formen.

**3**
Essener Brot auf einem Backpapier in den Dörrautomat legen, bei 40 °C (oder an der heißen Sommersonne) 24 bis 36 Stunden trocknen. Je nach Luftfeuchtigkeit kann die Trocknungszeit leicht variieren. Brot während des Trocknens einige Male wenden. Nach dem Trocknen soll es sich fest, jedoch nicht hart anfühlen und auf Druck noch leicht nachgeben.

**4**
Zum Aufbewahren das Brot in Klarsichtfolie wickeln, im Kühlschrank aufbewahren und innert einer Woche verzehren. Es kann auch tiefgekühlt werden.

**Variante**
Den Geschmack des Brotes mit Dörrfrüchten, gehackten Nüssen, Samen und Gewürzen, ganz nach persönlicher Vorliebe, variieren.

**Zubereitungszeit 20 Minuten**
**zuzüglich 2 Tage für das Keimen der Getreidekörner**

# Nussbrot

200 g Weizen- oder Dinkelkörner
1 dl/100 ml Wasser
⅓ TL Meersalz
50 g Weizenvollkornmehl
wenig Weizenvollkornmehl
zum Formen
50 g Baumnüsse/Walnüsse, grob gehackt
1 EL Baumnussöl/Walnussöl

**Zubereitung**

siehe Essener Brot

# Italienisches Oliven-Kräuter-Brot

200 g Weizen- oder Dinkelkörner
1 dl/100 ml Wasser
¼ TL Meersalz
50 g Weizenvollkornmehl
wenig Weizenvollkornmehl zum Formen
75 g schwarze Oliven, entsteint und grob gehackt
1 Knoblauchzehe, durchgepresst
1 TL getrocknete italienische Kräuter

**Zubereitung**

siehe Essener Brot

# Exotic-Müesli

für 2 bis 4 Portionen

3 Bananen
80 g gekeimte Getreidekörner
(40 g ungekeimte Körner), Seite 42
2 Orangen, Saft
½ Zitrone, Saft
100 g Kokosnussfleisch, grob gehackt
flüssiger Honig, nach Belieben
1–2 exotische Früchte, z. B. Mango, Papaya

**1**
Bananen schälen, mit einer Gabel zerdrücken.
**2**
Getreidekeimlinge, Orangen- und Zitronensaft sowie Kokosnuss unter das Bananenpüree rühren, nach Belieben mit Honig süßen.
**3**
Mangos mit Messer oder Sparschäler schälen, Fruchtfleisch in Scheiben vom Kern schneiden, zerkleinern. Papaya mit Messer oder Sparschäler schälen, halbieren, Kerne entfernen, Fruchtfleisch zerkleinern. Unter das Müesli mischen.

**Zubereitungszeit ca. 10 Minuten**

# Bircher-Müesli

**Original-Müesli nach Dr. Bircher Benner**

für 2 Portionen

2 EL Haferflocken
6 EL Wasser
4–6 kleinere Äpfel
1 Zitrone, Saft
2 EL Hasel- oder Baumnüsse/Walnüsse, fein gerieben
2 EL gezuckerte Kondensmilch

**1**
Haferflocken mit dem Wasser vermengen, im Kühlschrank 12 Stunden quellen lassen.
**2**
Kurz vor dem Servieren Äpfel mit Schale auf der Bircher-Rohkostreibe zu den Flocken reiben, restliche Zutaten unterrühren.

**Zubereitungszeit: ca. 5 Minuten zuzüglich 12 Stunden für das Einweichen der Flocken**

# Beerenmüesli

für 2 bis 4 Portionen

80 g 5-Korn-Flocken
2½ dl/250 ml Mandelmilch, Rezept Seite 46
2 Äpfel
2 EL Rosinen
flüssiger Honig nach Belieben
250 g gemischte Beeren
2 EL grob gehackte Nüsse, z. B. Baumnüsse/Walnüsse, Haselnüsse

**1**
Am Vorabend Flocken mit 1½ dl/150 ml Mandelmilch anrühren, im Kühlschrank zugedeckt quellen lassen.
**2**
Am Morgen ungeschälte Äpfel auf der Röstiraffel zu den Flocken reiben, restliche Mandelmilch und Rosinen unterrühren, nach Belieben mit flüssigem Honig süßen, garnieren mit Beeren und Nüssen.

**Zubereitungszeit ca. 10 Minuten**
**zuzüglich 8 bis 12 Stunden für das Quellen der Flocken**

# Suppen



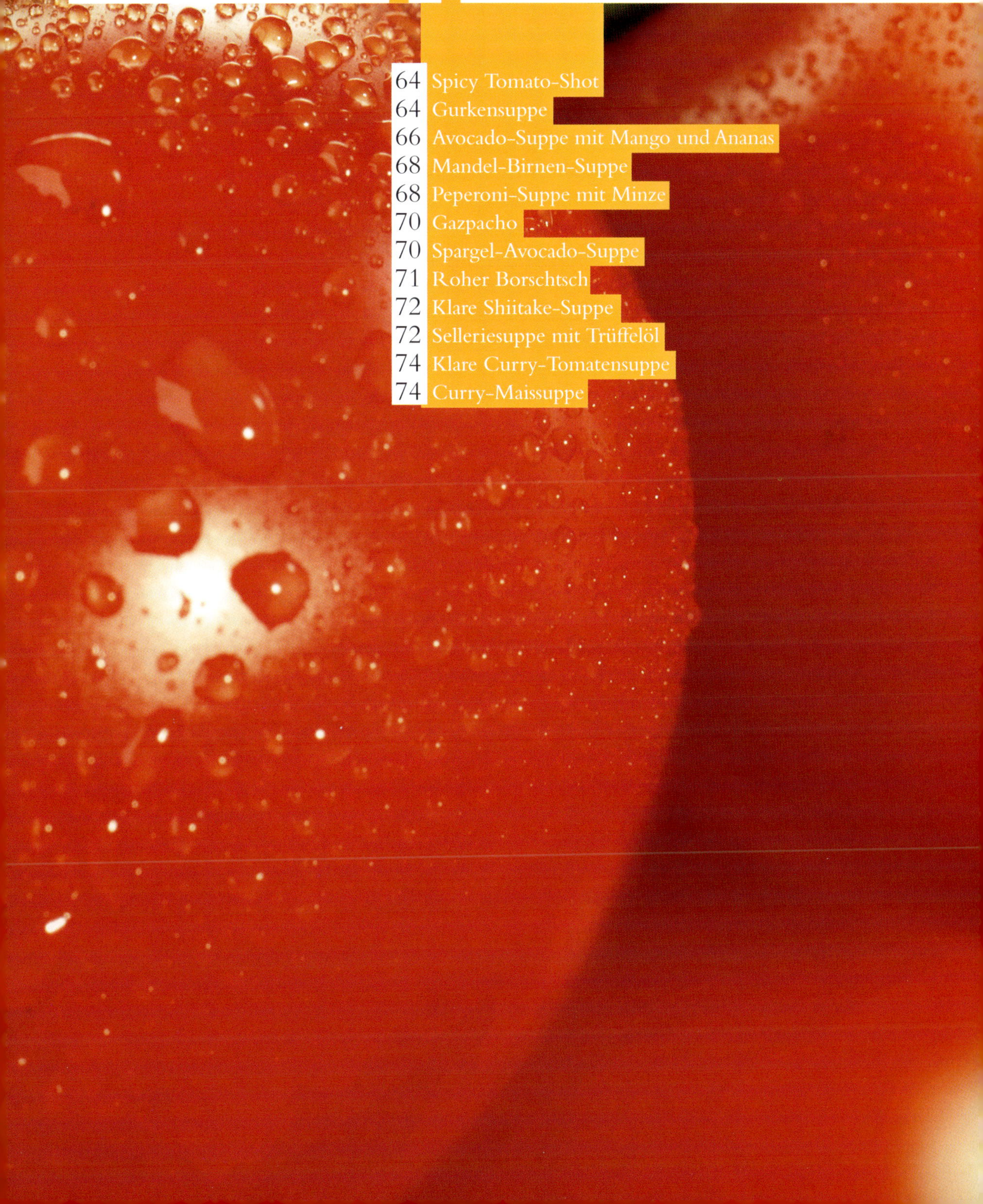

# Spicy Tomato-Shot

Abbildung

**Küchengeräte: Bechermixer, feines Sieb**

für 4 Portionen

800 g reife Fleischtomaten
4 EL Olivenöl extra nativ
2 Orangen, geschält
1 roter Peperoncino
2 rote Zwiebeln, geschält
1 Knoblauchzehe, geschält
Meersalz
frisch gemahlener schwarzer Pfeffer

1 Bund Schnittlauch

**1**
Alle Zutaten zerkleinern, in der Reihenfolge wie aufgeführt in den Bechermixer geben, sehr fein pürieren, durch ein Sieb passieren, die Rückstände gut ausdrücken. Suppe mit Salz und Pfeffer würzen.
**2**
Spicy Tomato-Shot in Tassen oder Gläser füllen, mit Schnittlauch garnieren.

**Zubereitungszeit 10 Minuten**

# Gurkensuppe

**Küchengerät: Bechermixer**

für 4 Portionen

2 Salatgurken
2 Knoblauchzehen
1 EL frisch gepresster Zitronensaft
1 TL Kreuzkümmelpulver
2 dl/200 ml Wasser
Meersalz
Cayennepfeffer
frisch geriebene Muskatnuss

**1**
Alle Zutaten zerkleinern.
**2**
Zutaten bis und mit Wasser in den Bechermixer geben, sehr fein pürieren. Suppe mit Salz, Cayennepfeffer und Muskatnuss abschmecken.

**Zubereitungszeit 10 Minuten**

# Avocado-Suppe mit Mango und Ananas

**Küchengerät: Bechermixer**

für 4 Portionen

1 roter Peperoni/
Paprikaschote
1 Bund Koriander
200 g Avocado
(Nettogewicht)
200 g Mango
(Nettogewicht)
200 g Ananas
(Nettogewicht)
3 Limetten, 2 dl/200 ml Saft
2 dl/200 ml Wasser
Meersalz
frisch gemahlener Pfeffer

1 Avocado
Korianderblättchen

**1**
Peperoni längs halbieren, Stiel und Kerne entfernen, Fruchtfleisch grob hacken. Koriander waschen, trockenschleudern, einige Blättchen für die Garnitur beiseite legen.

**2**
Alle Zutaten bis und mit Wasser im Bechermixer sehr fein pürieren, mit Salz und Pfeffer abschmecken. Mindestens 1 Stunde kalt stellen.

**3**
Suppe anrichten. Aus dem Avocadofleisch kleine Kugeln ausstechen oder Würfelchen schneiden, darüber verteilen, mit Korianderblättchen garnieren.

**Zubereitungszeit ca. 15 Minuten**

oz
cups
40
5
32
4
24
3
16
2
8

# Mandel-Birnen-Suppe

Abbildung

**Küchengeräte: Bechermixer, feines Sieb**

für 4 Portionen

150 g eingeweichte Mandeln, Seite 46
1 kleine Knoblauchzehe
1 milde Gemüsezwiebel, grob geschnitten
2 reife große Birnen, entkernt, zerkleinert
½ l Wasser
Meersalz, schwarzer Pfeffer
2 EL Weißweinessig
250 g weiße Traubenbeeren

**1**
Die eingeweichten Mandeln in Eiswasser (Wasser mit Eiswürfeln) legen und gut durchkühlen lassen. In einem großen Topf Wasser aufkochen. Mandeln in ein Lochsieb geben und genau für 7 Sekunden ins kochende Wasser tauchen, sofort wieder zurück ins Eiswasser geben. Die Haut lässt sich nun problemlos entfernen.
**2**
Mandeln, Knoblauch, Zwiebeln, Birnen, Wasser und etwas Salz im Bechermixer sehr fein pürieren. Suppe mit Salz und Pfeffer und Essig abschmecken.
**3**
Suppe anrichten. Traubenbeeren waschen, zur Suppe geben, mit einer Prise schwarzem Pfeffer bestreuen.

**Zubereitungszeit 10 Minuten**

# Peperoni-Suppe

**mit Minze**

**Küchengeräte: Bechermixer, feines Sieb**

für 4 Portionen

400 g Tomaten
1 roter Peperoni/Paprikaschote
2½ dl/250 ml Wasser
1 EL kalt geschleuderter Honig
Meersalz
frisch gemahlener schwarzer Pfeffer
1 Hand voll abgezupfte Minze, fein gehackt

4 Zweiglein Minze

**1**
Tomaten zerkleinern. Peperoni halbieren, Stiel und Kerne entfernen.
**2**
Alle Zutaten bis und mit Honig im Bechermixer sehr fein pürieren, durch ein Sieb passieren, Rückstände gut ausdrücken. Suppe mit Salz und Pfeffer kräftig abschmecken, Minze unterrühren. Mindestens 1 Stunde kalt stellen.

**Zubereitungszeit 10 Minuten**

# Gazpacho

**Küchengerät: Bechermixer**

für 4 Portionen

1 roter Peperoni/Paprikaschote, ca. 250 g
½ Salatgurke, ca. 250 g
1 Fleischtomate, ca. 250 g
1 Knoblauchzehe
1 rote Zwiebel, geschält
4 EL Olivenöl extra nativ
1 dl/100 ml Wasser
2 EL Rotweinessig
1 EL kalt geschleuderter Honig
Meersalz
frisch gemahlener Pfeffer
einige Petersilienblättchen
1 roter Peperoni/Paprikaschote
2 EL Olivenöl extra nativ

**1**
Peperoni halbieren, Stiel und Kerne entfernen. Alles Gemüse grob würfeln. Zutaten bis und mit Honig im Bechermixer sehr fein pürieren, kräftig abschmecken. Mindestens 1 Stunde kalt stellen.

**2**
Gazpacho vor dem Servieren gut durchrühren, anrichten. Peperoni längs halbieren, Stiel und Kerne entfernen, Schotenhälften klein würfeln, mit Petersilienblättchen auf die Suppe streuen. Zuletzt ein wenig Olivenöl darüber träufeln.

**Zubereitungszeit 15 Minuten**

# Spargel-Avocado-Suppe

**Küchengerät: Bechermixer**

für 4 Portionen

500 g grüner Spargel
1 reife Avocado
½ l Wasser
1 EL frisch gepresster Limettensaft
je 1 Schalotte und Knoblauchzehe
2 EL Olivenöl extra nativ
Meersalz, schwarzer Pfeffer

4 EL Olivenöl extra nativ
2 EL Sonnenblumenkerne

**1**
Spargelspitzen etwa 4 cm lang abschneiden, längs halbieren, für die Garnitur beiseite legen. Spargelstangen frisch anschneiden und in feine Scheiben schneiden. Avocado halbieren, Stein entfernen, Fruchtfleisch mit einem Esslöffel herauslösen.

**2**
Zutaten bis und mit Olivenöl fein pürieren, abschmecken. Suppe anrichten, mit Olivenöl beträufeln, garnieren mit Spargelspitzen und Sonnenblumenkernen.

**Zubereitungszeit 15 Minuten**

# Roher Borschtsch

**Küchengerä: Bechermixer**

für 4 Portionen

300 g rohe Randen/
Rote Bete (Nettogewicht)
1 Zwiebel
1 Tomate
2 Knoblauchzehen
1 Gewürznelke
½ l Wasser
250 g rohes Sauerkraut
Meersalz
frisch gemahlener
schwarzer Pfeffer

1 Tomate
1 Hand voll Sprossen,
z. B. Rettichsprossen
2 EL kaltgepresstes Rapsöl

**1**
Randen schälen, halbieren, in feine Scheiben schneiden. Zwiebel und Tomate grob würfeln.

**2**
Zutaten bis und mit Wasser sehr fein pürieren. Rohes Sauerkraut etwas klein schneiden und mit dem Saft unter die Randensuppe rühren. Suppe mit Salz und Pfeffer kräftig abschmecken.

**3**
Borschtsch anrichten. Tomate schälen, Stielansatz kreisförmig herausschneiden, Gemüsefrüchte halbieren und entkernen, Hälften in kleine Würfel schneiden, über die Suppe streuen, mit Sprossen garnieren und Rapsöl beträufeln.

**Zubereitungszeit 15 Minuten**

# Klare Shiitake-Suppe

Abbildung

**Küchengerät: Bechermixer**

für 4 Portionen

50 g getrocknete Shiitake, zerkleinert
4 grüne Chilischoten, mit einer Nadel mehrmals eingestochen
1 l kaltes Wasser
1 Bund Radieschen
12 Halme blühender Schnittknoblauch
1 EL unerhitzte Sojasauce
1–2 TL frisch gepresster Limetten-/Limonensaft
Meersalz

**1**
Am Vortag Pilze und Chilischoten in kaltem Wasser einweichen, im Kühlschrank zugedeckt ziehen lassen.
**2**
Radieschen in hauchdünne Scheiben schneiden. Schnittknoblauch schräg in ca. 1 cm lange Stückchen schneiden. Beides zu den Pilzen/Chilischoten geben, abschmecken mit Sojasauce, Limettensaft und Salz.

**Zubereitungszeit 15 Minuten zuzüglich 12 bis 24 Stunden Einweichzeit für die Pilze/Chilischoten**

# Selleriesuppe mit Trüffelöl

**Küchengerät: Bechermixer**

für 4 Portionen

½ l Wasser
300 g Knollensellerie (Nettogewicht)
2 Stängel Bleichsellerie
1 TL Weißweinessig
Meersalz
frisch gemahlener schwarzer Pfeffer

1 Stängel Bleichsellerie, fein geschnitten
4 EL kaltgepresstes Trüffelöl
einige Sellerieblättchen

**1**
Geschälten Knollensellerie und Bleichsellerie zerkleinern.
**2**
Alle Zutaten bis und mit Weißweinessig im Bechermixer sehr fein pürieren. Suppe mit Salz und Pfeffer abschmecken.
**3**
Selleriesuppe anrichten, mit Bleichsellerie garnieren. Trüffelöl darüber träufeln, mit Sellerieblättchen garnieren.

**Zubereitungszeit 10 Minuten**

# Klare Curry-Tomatensuppe

Abbildung

**Küchengeräte: Bechermixer, Salatsieb, Küchentuch oder Gazewindel**

für 4 Portionen

2 kg reife Tomaten
Meersalz
1 EL Currypulver
1 Pfirsich
250 g rote und gelbe Cherrytomaten
einige kleine Basilikumblättchen
2 EL Olivenöl extra nativ

**1**
Tomaten grob würfeln, im Bechermixer portionsweise sehr fein pürieren. Je 1 Esslöffel Salz und Currypulver unter das Püree rühren. Ein Sieb auf eine Chromstahl- oder Glasschüssel setzen, mit einem Küchentuch oder mit einer Gazewindel auskleiden. Tomatenpüree in das Sieb gießen, im Kühlschrank mindestens 8 Stunden, am besten über Nacht, abtropfen lassen. Rückstände im Sieb entsorgen.
**2**
Klare Tomatensuppe mit Salz abschmecken. Anrichten. Mit Pfirsichschnitzen und in Scheiben geschnittenen Cherrytomaten garnieren. Ein wenig Olivenöl darüber träufeln. Basilikumblätter darüber streuen.

**Zubereitungszeit 15 Minuten zuzüglich Zeit zum Abtropfen**

# Curry-Maissuppe

**Küchengeräte: Bechermixer, feines Sieb**

für 4 Portionen

6 erntefrische Zuckermaiskolben
4 dl/400 ml Wasser
1 Zwiebel, grob gehackt
1 EL Currypulver
Meersalz
1 Hand voll Kresse

**1**
Maiskörner von den Kolben schneiden, davon 4 gehäufte Esslöffel für die Garnitur beiseite legen.
**2**
Maiskörner, Wasser und Zwiebeln sehr fein pürieren, durch ein feines Sieb passieren, Rückstände gut ausdrücken. Die Maissuppe mit Currypulver und Salz kräftig würzen.
**3**
Maissuppe anrichten, Maiskörner und Kresse dazugeben.

**Zubereitungszeit: 15 Minuten**

# Salate - Vorspeisen

## Salate



## Vorspeisen

# Kräutersauce

ergibt ½ Liter

3 dl/300 ml Olivenöl extra nativ
2 dl/200 ml Weißweinessig
5 EL flüssiger Honig
1 mittelgroße Zwiebel, fein gehackt
1 EL fein gehackte glattblättrige Petersilie
1 EL fein gehackter Majoran
1 EL fein gehackter Kerbel
Meersalz
frisch gemahlener schwarzer Pfeffer

Öl, Essig und Honig verrühren, Zwiebeln und Kräuter zufügen, abschmecken mit Salz und Pfeffer.

**Tipp**

In einer Flasche mit Schraubverschluss ist die Sauce im Kühlschrank etwa eine Woche haltbar.

# Mandel-Dressing

**benötigte Küchengeräte: Bechermixer**

ergibt ½ Liter

150 g Mandeln
2 dl/200 ml Wasser
1 dl/100 ml frisch gepresster Zitronensaft
2 EL Majoranblättchen
1–2 Knoblauchzehen, durchgepresst
Meersalz
frisch gemahlener schwarzer Pfeffer

**1**

Mandeln in eine Schüssel geben und mit dem Wasser bedecken, im Kühlschrank 24 Stunden quellen lassen, abgießen.

**2**

Alle Zutaten im Bechermixer sehr fein pürieren, abschmecken mit Salz und Pfeffer.

**Tipp**

In einer Flasche mit Schraubverschluss ist das Dressing im Kühlschrank etwa eine Woche haltbar.

# Anis-Ananas-Dressing

**Küchengerät: Bechermixer**

ergibt ½ Liter

1 dl/100 ml Olivenöl extra nativ
1 dl/100 ml Wasser
1 EL Anissamen
300 g Ananasfruchtfleisch,
klein gewürfelt
Meersalz
frisch gemahlener Pfeffer

Alle Zutaten im Bechermixer sehr fein pürieren, mit Salz und Pfeffer abschmecken.

**Tipp**

In einer Flasche mit Schraubverschluss ist das Dressing im Kühlschrank etwa eine Woche haltbar.

# Nüsslisalat

**mit Kaki und Nüssen**

Abbildung

für 4 Portionen

300 g Nüssli-/Feldsalat, geputzt
4 Kaki
4 EL Baumnüsse/Walnüsse

**Dressing**

6 EL kaltgepresstes Baumnussöl/Walnussöl
2 EL kaltgepresstes Sonnenblumenöl
4 TL flüssiger Honig
4 EL frisch gepresster Zitronensaft
Meersalz
frisch gemahlener schwarzer Pfeffer

**1**

Nüsslisalat gründlich waschen und trockenschleudern, auf Tellern anrichten. Kaki in Schnitze schneiden, Schale mit einem kleinen Messer abschneiden, mit den Nüssen auf dem Salat anrichten.

**2**

Alle Zutaten für das Dressing sämig rühren, mit Salz und Pfeffer abschmecken. Über den Salat träufeln. Sofort servieren.

**Zubereitungszeit 15 Minuten**

# Wasserkresse-Avocado-Salat

**mit Blaubeer-Dressing**

**Küchengerät: Bechermixer**

für 4 Portionen

200 g Wasserkresse
2 reife Avocados
2 EL Sonnenblumenkerne
125 g Blaubeeren/Heidelbeeren

**Blaubeer-Dressing**
125 g Blaubeeren
1 EL fein geriebener Ingwer
6 EL kaltgepresstes Sonnenblumenöl
1 Zitrone, Saft
Meersalz
frisch gemahlener schwarzer Pfeffer

**1**
Die Wasserkresse waschen und trockenschleudern, auf Tellern anrichten. Avocados schälen, halbieren und entsteinen, das Fruchtfleisch in Würfel schneiden und auf der Wasserkresse anrichten. Sonnenblumenkerne und Blaubeeren ebenfalls darauf verteilen.

**2**
Alle Zutaten für das Dressing fein pürieren und durch ein feines Sieb streichen, mit Salz und Pfeffer abschmecken. Über den Salat träufeln.

**Zubereitungszeit 30 Minuten**

# Sauerkrautsalat

**mit Ananas und Bananen**

Abbildung

für 4 Portionen

750 g rohes Sauerkraut, abgetropft
50 g Rotkabis-/kohlsprossen
6 EL kaltgepresstes Rapsöl
1 Orange, nur ausgepresster Saft
2 Bananen
1 Baby-Ananas
50 g Cashewnüsse
50 g ungeröstete Erdnüsse
1 Bund Koriander, grob gehackt

**1**
Sauerkraut, Sprossen, Öl und Orangensaft mischen. Bananen schälen, in Scheiben schneiden, unter das Kraut mischen.

**2**
Ananas halbieren, Fruchtfleisch herauslösen und klein würfeln. Ananaswürfelchen, Cashewkerne, Erdnüsse und Koriander unter das Kraut mischen. In den Ananasschalen anrichten.

**Zubereitungszeit 20 Minuten**

# Avocado-Salat

**mit Peperoncini und Mango**

für 4 Portionen

½ Eisbergsalat
2 Stängel Staudensellerie
2 Frühlingszwiebeln
2 reife Avocados
1 reife Mango

**Dressing**
3 EL Limettensaft
5 EL kaltgepresstes Sonnenblumenöl
1 roter Peperoncino, entkernt und fein gehackt
1 EL fein gehackte Korianderblättchen
Meersalz

**1**
Strunk des Eisbergsalats herausschneiden, Blätter in sehr feine Streifen schneiden. Sellerie in feine Scheiben schneiden. Frühlingszwiebeln mit Grün in feine Ringe schneiden. Alles mischen und auf Tellern anrichten.

**2**
Avocados halbieren, entsteinen und schälen, Fruchtfleisch längs in Schnitze schneiden und fächerartig auf den Salaten anrichten. Mango schälen, Fruchtfleisch vom Stein schneiden, in knapp 1 cm große Würfel schneiden, über die Avocadoschnitze streuen.

**3**
Limettensaft mit dem Sonnenblumenöl sämig rühren, Peperoncini und Koriander unterrühren, abschmecken mit Salz, über den Salat träufeln. Sofort servieren.

**Varianten**
Mango durch zwei Pfirsiche oder Nektarinen ersetzen.

**Zubereitungszeit 25 Minuten**

# Kürbis-Birnen-Salat

**Küchengerät: Röstiraffel/ Bircher-Rohkostreibe**

für 4 Portionen

600 g fruchtiger Kürbis (Nettogewicht), z. B. Muscade de Provence
4 reife Birnen
4 EL Kürbiskerne
einige Majoranzweiglein für die Garnitur

**Dressing**

3 EL Akazienblütenhonig
6 EL Weißweinessig
6 EL Olivenöl extra nativ
1 roter Peperoncino
1 Knoblauchzehe, durchgepresst
2 EL frische Majoranblättchen, fein gehackt
Meersalz
frisch gemahlener schwarzer Pfeffer

**1**

Für das Dressing Akazienblütenhonig, Weißweinessig und Olivenöl sämig rühren. Peperoncino längs halbieren und entkernen, Schotenhälften fein hacken, mit den restlichen Zutaten unter die Sauce rühren, mit Salz und Pfeffer abschmecken.

**2**

Kürbisfleisch auf der Röstiraffel reiben. Birnen längs vierteln und entkernen, quer in feine Scheiben schneiden.

**3**

Kürbis und Birnen mit dem Dressing mischen, anrichten, mit Kürbiskernen bestreuen und mit Majoranzweiglein garnieren.

**Zubereitungszeit 25 Minuten**

# Pikanter thailändischer Papayasalat

**Küchengerät:**
**feiner Gemüsehobel**

für 4 Portionen

1 grüne Papaya
2 Karotten
2 Tomaten
4 thailändische Schlangenbohnen
4–6 EL ungeröstete, ausgelöste Erdnüsse

**Sauce**
2 EL Vollrohr- oder Palmzucker
1 EL Wasser
1 TL Meersalz
1 TL Limettensaft
2 Knoblauchzehen, fein gehackt
2 rote Chilischoten, entkernt, fein gehackt

**1**
Papaya mit dem Messer oder Sparschäler schälen, halbieren und entkernen. Karotte schälen. Papaya und Karotte auf dem Gemüsehobel in feine Streifen hobeln. Tomaten fein würfeln. Schlangenbohnen in ca. 4 cm lange Stücke schneiden.

**2**
Sauce zubereiten, Knoblauch, Chili und Gemüse zugeben, gut vermengen. Kurz ziehen lassen, mit Erdnüssen bestreuen und servieren.

**Zubereitungszeit 20 Minuten**

# Grüner Salat

**mit Ingwer-Dressing**

für 4 Portionen

1 Fenchelknolle
300 g Rucola
1 reife Avocado
4 Stängel Bleichsellerie
½ Bund glattblättrige Petersilie, Blättchen abgezupft
4 EL gemischte Kerne/Samen, z. B. Sesamsamen, Kürbiskerne, Sonnenblumenkerne, Leinsamen

**Ingwer-Dressing**

1 TL scharfes Currypulver
5 EL Olivenöl extra nativ
4 EL Wasser
2 EL fein geriebener Ingwer
1 Knoblauchzehe, durchgepresst
Meersalz
frisch gemahlener schwarzer Pfeffer

**1**

Fenchelknolle längs halbieren, quer in feine Scheiben schneiden. In Suppentellern anrichten. Rucola waschen und trockenschleudern, auf dem Fenchel verteilen. Avocado schälen, halbieren, Stein entfernen, Fruchtfleisch in 5 mm dicke Scheiben schneiden, zwischen den Rucola stecken. Selleriestängel schräg in feine Scheiben schneiden, mit Petersilie und Kernen über den Salat streuen.

**2**

Für das Dressing alle Zutaten verrühren, mit Salz und Pfeffer abschmecken, über den Salat träufeln.

**Zubereitungszeit 20 Minuten**

# Karottensalat

**mit Datteln, Orangen und Mandeln**

**Küchengerät:**
**feiner Gemüsehobel**

für 4 Portionen

750 g Karotten
12 Datteln
4 Orangen
50 g Mandeln
2 EL frisch gepresster Zitronensaft
1 TL Currypulver
4 EL Olivenöl extra nativ
Meersalz
frisch gemahlener schwarzer Pfeffer

**1**

Karotten schälen, mit Sparschäler oder Gemüsehobel in feinste Scheiben schneiden. Datteln entsteinen und längs in feine Streifen schneiden. Orangen mit dem Messer großzügig schälen, Fruchtfilets aus den Trennhäutchen schneiden und entkernen. Orangenreste gut ausdrücken und über die Karotten gießen. Mandeln grob hacken.

**2**

Alle Zutaten mischen, mit Salz und Pfeffer abschmecken.

**3**

Salat in Schälchen anrichten, nach Belieben mit einer kleinen Bundkarotte garnieren.

**Zubereitungszeit 20 Minuten**

# Gemüse-Frucht-Kugeln

**auf Brüsseler Endivie**

**Küchengerät: Röstiraffel/ Bircher-Rohkostreibe**

für 4 Portionen

400 g weiße Brüsseler Endivie
50 g Baumnüsse/Walnüsse, grob gehackt

**Dressing**
4 EL kaltgepresstes Rapsöl
1 EL kaltgepresstes Baumnussöl/Walnussöl
3 EL Weißweinessig
1 EL Ahornsirup
Meersalz
frisch gemahlener schwarzer Pfeffer

**Gemüse-Frucht-Kugeln**
200 g Rettich
1 große reife Birne
200 g Karotten
100 g rohe Rande/ Rote Bete
2 TL frisch geriebener Meerrettich

Baumnüsse/Walnüsse

**1**
Brüsseler Endivie in die einzelnen Blätter zerlegen, auf Tellern anrichten. Die Hälfte der Nüsse darüber streuen. Die Zutaten für das Dressing sämig rühren, mit Salz und Pfeffer abschmecken, beiseite stellen.

**2**
Für die Gemüse-Frucht-Kugeln Rettich und Birne auf der Röstiraffel reiben. Karotten und Rande auf der Bircher-Rohkostreibe reiben, Meerrettich beifügen.

**3**
Gemüse und Birnen mit der Hälfte des Dressings und den restlichen Nüssen mischen. Von Hand 4 Kugeln formen, anrichten, mit je einer Baumnuss garnieren. Restliches Dressing darüber träufeln. Sofort servieren.

**Zubereitungszeit 20 Minuten**

# Feigen

**mit Cashewnussfüllung**

**Küchengerät: Cutter**

für 4 Portionen

100 g Cashewkerne
2 EL Mandelmilch
1 EL Olivenöl extra nativ
Meersalz
frisch gemahlener
schwarzer Pfeffer
1 Hand voll Kresse

12 reife Feigen

einige Salatblätter, Feigenblätter oder Herbstlaub

**1**
Cashewkerne am Vortag in kaltem Wasser einweichen und im Kühlschrank mindestens 12 Stunden quellen lassen.

**2**
Cashewkerne, Mandelmilch und Olivenöl zu einer glatten Masse pürieren, mit Salz und Pfeffer abschmecken. Kresse fein hacken, die Hälfte unter die Nussmasse rühren.

**3**
Den Feigen einen Deckel abschneiden, Schnittflächen mit wenig Salz und Pfeffer würzen. Cashewmasse auf die Schnittfläche verteilen, mit restlicher Kresse bestreuen. Deckel aufsetzen.

**4**
Gefüllte Feigen auf Blättern anrichten.

**Zubereitungszeit 25 Minuten**
**zuzüglich 12 Stunden Einweichzeit der Cashewkerne**

# Hauptgang

# Ratatouille

**mit marinierten Sprossen**

für 4 Portionen

je 2 gelbe und rote
Peperoni/Paprikaschoten,
z. B. Ramiro
2–3 EL abgezupfte
Majoranblättchen

**Ratatouille**

1 Aubergine, ca. 350 g
2 Tomaten
1 Knoblauchzehe,
durchgepresst
¼ TL getrocknete Kräuter
der Provence
Meersalz
schwarzer Pfeffer
1 Zucchino, ca. 250 g
1 Bund Frühlingszwiebeln
300 g gelbe und
rote Cherrytomaten

**Marinierte Sprossen**

4 TL Weißweinessig
4 EL Olivenöl extra nativ
Meersalz
schwarzer Pfeffer
2 Frühlingszwiebeln
1–2 rote Peperoncini
250 g Sprossen, z. B. Linsen-,
Mungo- und Weizensprossen

**1**
Stiel der Aubergine entfernen, Frucht beidseitig kappen, Gemüsefrucht in etwa 1 cm große Würfel schneiden. Stielansatz bei den Tomaten kreisförmig herausschneiden, Gemüsefrüchte grob zerkleinern, mit durchgepresstem Knoblauch fein pürieren, mit Kräutern der Provence, Salz und Pfeffer würzen, mit den Auberginenwürfeln gut vermengen, beiseite stellen, 30 Minuten ziehen lassen.

**2**
Zucchino beidseitig kappen, in etwa 1 cm große Würfel schneiden. Frühlingszwiebeln mit Grün in Ringe schneiden. Cherrytomaten vierteln. Zucchini, Zwiebeln sowie Cherrytomaten mischen, würzen.

**3**
Peperoni längs halbieren und entkernen, mit dem Ratatouille füllen. Mit Majoranblättchen bestreuen.

**4**
Für die marinierten Sprossen Essig und Öl verrühren, mit Salz und Pfeffer würzen. Frühlingszwiebeln mit Grün in feine Ringe schneiden. Peperoncini längs halbieren, entkernen und fein hacken. Zwiebeln, Peperoncini und Sprossen zur Sauce geben, gut vermengen.

**Rohkost temperieren** Rohkost darf bis 40 °C erwärmt werden. Das fühlt sich schon sehr angenehm an. Am besten die angerichteten Speisen im Ofen oder in einem Dörrautomaten wärmen.

**Zubereitungszeit 30 Minuten**

# Polenta

**mit gefüllten Zucchiniblüten**

**Küchengerät: Cutter**

für 4 Portionen

8 Zuckermaiskolben
2 Knoblauchzehen
Meersalz
frisch gemahlener
schwarzer Pfeffer

wenig glattblättrige Petersilie
für die Garnitur

12 Zucchiniblüten mit
Frucht (Zucchino)
1 Bund Frühlingszwiebeln
1 roter Peperoncino
4 EL Olivenöl extra nativ
Meersalz
frisch gemahlener
schwarzer Pfeffer
250 g Sprossen,
z.B. Mungo-, Sonnen-
blumen- und Weizensprossen
1 Bund Schnittlauch,
fein geschnitten
1 TL abgezupfte
Thymianblättchen

**1**
Maiskörner von den Kolben schneiden, mit den Knoblauchzehen im Cutter zu einem groben Brei verarbeiten, mit Salz und Pfeffer würzen.

**2**
Zucchini von den Blüten trennen und in feine Scheiben schneiden. Frühlingszwiebeln mit Grün in feine Ringe schneiden. Peperoncino längs aufschneiden, entkernen und klein würfeln. Zucchini, Frühlingszwiebeln,Peperoncini und Olivenöl mischen, abschmecken.

**3**
Sprossen, Schnittlauch und Thymian mischen, mit Salz und Pfeffer abschmecken. Zucchiniblüten vorsichtig öffnen, Blütenstempel ausbrechen, mit den Sprossen füllen.

**4**
Polenta und Zucchinigemüse auf Tellern anrichten, gefüllte Zucchiniblüten dazulegen, mit glattblättriger Petersilie garnieren.

**Zubereitungszeit 30 Minuten**

# Randen-Ravioli

**mit Nussfüllung**

**Küchengeräte:**
**Cutter, Gemüsehobel**

für 4 Portionen

4 mittelgroße Chioggia-Randen/Rote Bete
200 g Baumnüsse/Walnüsse
100 g reife Birne (Nettogewicht)
250 g Sprossen, z. B. Linsen-, Mungo- und Weizensprossen
50 g Baumnüsse/Walnüsse, grob gehackt

**Vinaigrette**
5 EL kaltgepresstes Rapsöl
2 EL kaltgepresstes Baumnussöl/Walnussöl
3 EL frisch gepresster Zitronensaft
1 Bund Schnittlauch, fein geschnitten
Meersalz
frisch gemahlener schwarzer Pfeffer

einige Halme Schnittlauch

**1**
Die 200 g Baumnüsse in einer Schüssel mit etwas Wasser übergießen, im Kühlschrank zugedeckt 12 Stunden quellen lassen, abgießen. Nüsse und Birne fein pürieren, mit Salz und Pfeffer abschmecken.

**2**
Randen schälen, auf dem Gemüsehobel in feine Scheiben hobeln.

**3**
Die Hälfte der Randenscheiben auf große Teller legen, etwas Nuss-Birnen-Püree darauf verteilen, mit den restlichen Randenscheiben bedecken. Sprossen und Nüsse darüber streuen, mit der Vinaigrette beträufeln und den Schnittlauchhalmen garnieren.

**Rohkost temperieren** Rohkost darf bis 40 °C erwärmt werden. Das fühlt sich schon sehr angenehm an. Am besten die angerichteten Speisen im Ofen oder in einem Dörrautomaten wärmen.

**Zubereitungszeit 30 Minuten**
**zuzüglich 12 Stunden zum Quellen der Nüsse**

# Kürbis-und Pastinaken-Nudeln

**Küchengerät: Gemüsehobel**

für 4 Portionen

600 g fruchtiges Kürbisfleisch
400 g Pastinaken
4 EL Kürbiskerne
4 EL fein gehackter Ingwer

**Sauce**
6 EL Olivenöl extra nativ
4 EL Zitronensaft
4 TL Currypulver
1 Hand voll glattblättrige Petersilie, Blättchen abgezupft
4 EL getrocknete Cranberries
Meersalz

4 kleine Kürbisse
einige Borretschblüten

**1**
Kürbis und geschälte Pastinaken auf dem Gemüsehobel zu feinen Gemüsenudeln hobeln.
**2**
Kürbis- und Pastinakennudeln, Kürbiskerne und Ingwer mit der Sauce mischen, kurz ziehen lassen.
**3**
Den Kürbissen einen Deckel abschneiden, aushöhlen, Nudeln einfüllen, mit Borretschblüten garnieren, Deckel auflegen.
**Tipp**
Im Handel gibt es handbetriebene Geräte, mit denen man Endlos-Nudeln/-Spaghetti herstellen kann.

**Rohkost temperieren** Rohkost darf bis 40 °C erwärmt werden. Das fühlt sich schon sehr angenehm an. Am besten die angerichteten Speisen im Ofen oder in einem Dörrautomaten wärmen.

**Zubereitungszeit 20 bis 30 Minuten**

# Zucchini-Nudeln

**an Pinienkernsauce**

**Küchengerät: Cutter**

für 4 Portionen

4 mittelgroße Zucchini
500 g Cherrytomaten

**Pinienkernsauce**
200 g Pinienkerne
2 Limetten, 1 TL abgeriebene Schale und Saft
2 Knoblauchzehen
4 EL Olivenöl extra nativ
2 EL fein gehackter Oregano
1 dl/100 ml Wasser
Meersalz
frisch gemahlener Pfeffer

einige Oreganoblättchen

**1**
Zucchini beidseitig kappen, mit dem Sparschäler dünne Streifen abziehen, diese längs halbieren oder dritteln. Cherrytomaten halbieren oder vierteln.
**2**
Alle Zutaten für die Sauce fein pürieren, mit Salz und Pfeffer abschmecken.
**3**
Zucchini und Tomaten mit der Sauce vermengen.

**Zubereitungszeit 30 Minuten**

# «Pizza»

**Küchengerät: Becher- oder Stabmixer**

für 4 Portionen

2 große Auberginen

**Tomatensauce**
2 Tomaten, 1 Knoblauchzehe
150 g getrocknete Tomaten, schwarzer Pfeffer

2 reife Avocados, 150 g Knollensellerie
1 Bund Basilikum

**1**
Frische Tomaten würfeln, mit Knoblauch und gehackten getrockneten Tomaten pürieren, abschmecken.
**2**
Auberginen beidseitig kappen, längs in 1 cm dicke Scheiben schneiden, auf großen Tellern anrichten, Tomatensauce darauf verteilen, einige Minuten ziehen lassen.
**3**
Avocados schälen, halbieren und entsteinen, Fruchtfleisch in Scheiben schneiden, auf die Auberginen legen. Geschälten Sellerie auf der Bircher-Rohkostreibe darüber reiben, mit Basilikumblättchen bestreuen, mit Pfeffer abschmecken.

**Zubereitungszeit 30 Minuten**

# Gemüse-Sushi

Abbildung

**Küchengerät: Stabmixer**

für 4 Portionen

1 kg Gemüse, z.B. Rettich, Karotten, Peperoni/Gemüsepaprika, Gurke

2 reife Avocados
1 Limette, Saft
1–2 TL fein geriebener Meerrettich
Meersalz

50 g Rettichsprossen
8 getrocknete Nori-Blätter

**1**
Gemüse schälen und in etwa 10 cm lange und 5 mm dicke Stäbchen schneiden.
**2**
Avocados halbieren, Stein entfernen, Fruchtfleisch aus der Schale lösen, mit Limettensaft fein pürieren, mit Meerrettich und Salz abschmecken.
**3**
Nori-Blätter in je 3 gleich breite Streifen schneiden und mit ein wenig Avocadopüree bestreichen. Einige Gemüsestäbchen und etwas Sprossen bündeln und in die Noriblätter einwickeln.

**Zubereitungszeit 20 Minuten**

# Brokkoli mit Mango

für 4 Portionen

1 kg Brokkoli
2 reife Mangos
4 EL Pinienkerne

**Sauce**
3 EL frisch gepresster Zitronensaft
6 EL kaltgepresstes Sonnenblumenöl
1 TL mildes Currypulver
Meersalz
3 EL fein gehackte Zitronenmelisse
1 Hand voll kleine Zitronenmelissenblättchen

**1**
Strunk beim Brokkoli abschneiden und schälen, in feine Scheiben schneiden. Blumen in möglichst kleine Röschen brechen.
**2**
Die beiden Mangos schälen, Fruchtfleisch vom Stein schneiden und in etwa 1 cm große Würfelchen schneiden.
**3**
Brokkoli, Mangos und Pinienkerne mit der Sauce vermengen.

**Zubereitungszeit 15 Minuten**

# Karottenlocken

**auf Gartenkresse**

für 4 Portionen

2 Schalen Gartenkresse
500 g Karotten

**Sauce**
6 EL Weißweinessig
2 EL flüssiger Honig,
z. B. Akazienblütenhonig
2 TL Meersalz
8 EL Traubenkernöl
2 Bund Schnittlauch, fein geschnitten
2 rote Peperoncini
2 gelbe Peperoni/Gemüsepaprika

**1**
Gartenkresse auf Teller verteilen.
**2**
Karotten schälen und mit dem Sparschäler feine Streifen abziehen, diese nach Belieben längs halbieren oder dritteln. Peperoncini längs halbieren, entkernen und fein hacken. Peperoni halbieren, Stielansatz und Kerne entfernen, klein würfeln.
**3**
Für die Sauce Essig, Honig, Salz sowie Öl gut verrühren, Schnittlauch, Peperoncini, Peperoni und Karotten zufügen, vermengen.
**4**
Den Karottenmix auf der Gartenkresse anrichten.

**Zubereitungszeit 20 Minuten**



# Kohlrabi-Trüffel-Carpaccio

Abbildung

**Küchengeräte: Gemüse- und Trüffelhobel**

für 4 Portionen

4 Kohlrabi
2 baumuss-/walnussgroße Sommertrüffel

**Vinaigrette**
3 EL Olivenöl extra nativ
1 TL kaltgepresstes Trüffelöl
Meersalz
frisch gemahlener schwarzer Pfeffer

**1**
Herzblätter beim Kohlrabi abschneiden und beiseite legen.
**2**
Kohlrabi schälen, auf dem Gemüsehobel in hauchdünne Scheiben hobeln, anrichten.
**3**
Trüffel unter fließendem kaltem Wasser mit einer Bürste von Erdkrumen befreien, mit Küchenpapier trocknen. Auf dem Hobel in hauchdünne Scheiben hobeln, über die Kohlrabi verteilen. Mit der Vinaigrette beträufeln, mit Kohlrabiblättern garnieren.

**Zubereitungszeit 10 bis 15 Minuten**

# Sellerie-Spaghetti

**mit Steinpilzen und Rucola**

**Küchengerät: Gemüsehobel**

für 4 Portionen

2 Knollensellerie,
je ca. 500 g
120 g Rucola
150 g Steinpilze
1 Schalotte
1 Hand voll Pinienkerne

**Vinaigrette**
2 EL kaltgepresstes Trüffelöl
4 EL Olivenöl extra nativ
1 TL Zitronensaft
Meersalz
frisch gemahlener
schwarzer Pfeffer

**1**
Sellerie schälen, auf dem Gemüsehobel zu feinen Gemüsespaghetti hobeln. Die Steinpilze mit einem Pinsel vom Sand befreien, in feine Scheiben schneiden. Schalotte fein hacken.

**2**
Alle Zutaten mit der Vinaigrette mischen, anrichten.

**Tipp**
Im Handel gibt es handbetriebene Geräte, mit denen man Endlos-Nudeln/-Spaghetti herstellen kann.

**Rohkost temperieren** Rohkost darf bis 40 °C erwärmt werden. Das fühlt sich schon sehr angenehm an. Am besten die angerichteten Speisen im Ofen oder in einem Dörrautomaten wärmen.

**Zubereitungszeit 20 Minuten**

# Desserts

# Apfelkuchen

**mit Cashew-Vanille-Crème**

**Küchengerät: Cutter**

für ein Kuchenblech von
24 cm Durchmesser

1 kg Äpfel
½ Zitrone, Saft
100 g getrocknete Aprikosen

**Kuchenboden**
200 g Baumnüsse/Walnüsse
200 g getrocknete Aprikosen
200 g getrocknete Zwetschgen, ohne Stein
½ TL Zimtpulver

**Cashew-Vanille-Crème**
100 g Cashewkerne
50 g flüssiger Honig
2 EL Wasser
1 Vanilleschote, aufgeschnitten

wenig Zimtpulver
einige Pfefferminzblättchen

**1**
Cashewkerne am Vortag in kaltem Wasser einweichen, im Kühlschrank mindestens 12 Stunden quellen lassen.

**2**
Das Kuchenblech mit Klarsichtfolie auskleiden. Nüsse, getrocknete Früchte und Zimtpulver im Cutter zu einem klebrigen Teig verarbeiten, mit den Fingern gleichmäßig in die Form drücken. Im Tiefkühler fest werden lassen.

**3**
Für die Crème die eingeweichten Cashewkerne mit Honig, Wasser und abgestreiftem Vanillemark zu einer sehr feinen, mayonnaiseähnlichen Masse pürieren.

**4**
Äpfel auf der Röstiraffel reiben, sofort mit Zitronensaft mischen, damit sie sich nicht verfärben, in einem Sieb gut abtropfen lassen. Aprikosen in feine Streifen schneiden, mit den Äpfeln mischen, auf dem Kuchenboden verteilen.

**5**
Apfelkuchen portionieren, mit der Cashew-Vanille-Crème garnieren. Mit wenig Zimtpulver bestäuben und einigen Pfefferminzblättchen garnieren.

**Zubereitungszeit 45 Minuten**
**zuzüglich 12 Stunden Einweichzeit für die Kerne**

# Karob-Cashew-Crème

**mit Mirabellen**

Abbildung

**Küchengerät: Cutter**

für 4 Portionen

200 g Cashewkerne
100 g Honig
2 EL Mandelmilch
1 Vanilleschote, aufgeschnitten
1 EL Karobpulver
1 TL Zimtpulver

250–500 g Mirabellen
4 EL flüssiger Honig
wenig Zimtpulver

**1**
Cashewkerne am Vortag in kaltem Wasser einweichen, im Kühlschrank mindestens 12 Stunden quellen lassen.
**2**
Für die Crème alle Zutaten zu einer sehr feinen, mayonnaiseähnlichen Masse pürieren.
**3**
Carob-Cashew-Crème auf Tellern anrichten. Mirabellen halbieren und entsteinen, auf der Crème anrichten, mit Honig beträufeln und mit wenig Zimtpulver bestäuben.

**Zubereitungszeit 15 Minuten**
**zuzüglich 12 Stunden Einweichzeit für die Kerne**

# Avocado-Karob-Mousse

**mit Beeren**

**Küchengeräte: Bechermixer, Cutter**

für 4 Portionen

3 sehr reife Avocados
60 g Karobpulver
1 Vanilleschote, aufgeschnitten
1 dl/100 ml Ahornsirup
½ dl/50 ml frisch gepresster Orangensaft

gemischte Beeren, je nach Angebot

**1**
Avocados halbieren und entsteinen, Fruchtfleisch aus der Schale lösen, mit Karobpulver, abgestreiftem Vanillemark, Ahornsirup und Orangensaft pürieren.
**2**
Karob-Avocado-Mousse in Dessertschalen anrichten, mit frischen Beeren bestreuen.
**Variante**
Diese Mousse kann auch mit Kakaopulver zubereitet werden. Kakaobohnen werden leider nur geröstet, also nicht roh, zu Pulver verarbeitet.

**Zubereitungszeit 15 Minuten**

# Melonen-Softice

**mit Estragon**

**Küchengeräte: Bechermixer, mittelfeines Sieb**

für 4 bis 6 Portionen

1 kg Melonenfleisch (Nettogewicht), z. B. Wassermelone, Honigmelone
1 Prise Meersalz
8 EL Ahornsirup
4 EL fein gehackter Estragon

einige Zweiglein Estragon

**1**

Melonenfleisch mit Salz und Ahornsirup fein pürieren, das Fruchtpüree durch ein mittelfeines Sieb in ein weites Chromstahl- oder Porzellangefäß passieren. Estragon unterrühren. Fruchtpüree im Tiefkühler fest werden lassen. Nach etwa einer Stunde mit einem Schneebesen gut durchrühren. Diesen Vorgang nach einer weiteren Stunde wiederholen, so dass eine gleichmäßig gefrorene Masse entsteht.

**2**

Gläser für 10 Minuten in den Tiefkühler stellen.

**3**

Zum Servieren gefrorene Melonenmasse etwas antauen lassen, im Bechermixer oder mit dem Handrührgerät geschmeidig rühren. Softice in einen Spritzsack mit großer, gezackter Tülle füllen, in den tiefgekühlten Gläsern anrichten. Mit Estragon garnieren.

**Zubereitungszeit 30 Minuten zuzüglich einige Stunden zum Tiefkühlen**

# Kirsch-Tartelettes

**Küchengerät: Cutter**

für 6 Förmchen von
10 cm Durchmesser

600 g süße Kirschen

**Kuchenboden**
200 g Haselnüsse
150 g getrocknete Kirschen, entsteint
150 g getrocknete Datteln, entsteint

**Cashew-Ingwer-Crème**
100 g Cashewkerne
75 g Ahornsirup
1 EL frisch geriebener Ingwer

**1**
Cashewkerne am Vortag in kaltem Wasser einweichen, im Kühlschrank mindestens 12 Stunden quellen lassen.

**2**
Förmchen mit Klarsichtfolie auskleiden. Alle Zutaten für den Kuchenboden im Cutter zu einem klebrigen Teig verarbeiten, mit den Fingern gleichmäßig in die Förmchen drücken. Im Tiefkühler fest werden lassen.

**3**
Für die Crème eingeweichte Nüsse, Ahornsirup und Ingwer zu einer sehr feinen, mayonnaiseähnlichen Masse pürieren. In die Förmchen verteilen.

**4**
Kirschen halbieren und entsteinen, auf die Crème verteilen. Tartelettes vorsichtig aus den Förmchen lösen, auf Teller legen.

**Zubereitungszeit 45 Minuten**
**zuzüglich 12 Stunden Einweichzeit für die Kerne**

# Himbeercrème

**mit Ingwer**

**Küchengeräte:**
**Cutter, feines Sieb**

für 4 Portionen

200 g Mandeln
100 g Honig
2 EL Wasser
1 EL fein geriebener Ingwer
500 g Himbeeren

einige Zweiglein Kräuter
z. B. Zitronenverbene,
Zitronenmelisse

**1**
Mandeln mit ein wenig Wasser übergießen und 2 Tage zugedeckt quellen lassen, Wasser alle 12 Stunden wechseln. Mandeln in Eiswasser (Wasser mit Eiswürfeln) legen und gut durchkühlen lassen. Nüsse in ein Lochsieb füllen und für genau 7 Sekunden in kochendes Wasser tauchen, gleich wieder zurück in das Eiswasser geben. Die Haut lässt sich nun problemlos entfernen.

**2**
Mandeln mit Honig, Wasser und Ingwer zu einer sehr feinen, mayonnaiseähnlichen Masse pürieren.

**3**
Die Hälfte der Himbeeren pürieren, durch ein feines Sieb streichen, mit der Mandelcrème mischen.

**4**
Himbeercrème abwechselnd mit Himbeeren in Gläser füllen. Nach Belieben mit Kräutern garnieren.

**Zubereitungszeit 30 Minuten**
**zuzüglich 2 Tage zum Einweichen der Mandeln**

# Veilchenblüten-Granité

für 4 bis 6 Portionen

ca. 150 duftende Veilchenblüten
150 g flüssiger Honig
½ l Wasser
2 dl/200 ml Roséwein

einige Veilchenblüten für die Garnitur

**1**

Stiele der Veilchenblüten abknipsen. Honig, Wasser und Veilchen verrühren, bis sich der Honig aufgelöst hat. Bei Zimmertemperatur zugedeckt 24 Stunden ziehen lassen.

**2**

Den Veilchenaufguss durch ein feines Sieb passieren, mit Roséwein verfeinern. In eine flache Schale gießen, im Tiefkühler fest werden lassen, dabei alle 30 Minuten mit einer Gabel umrühren. So entsteht ein sehr leichtes, erfrischendes Eis, das die Konsistenz von feuchtem Schnee hat.

**3**

Gläser für 10 Minuten in den Tiefkühler stellen.

**4**

Granité in Gläsern anrichten, mit Veilchen dekorieren, sofort servieren.

**Zubereitungszeit 30 Minuten**
**zuzüglich einige Stunden zum Tiefkühlen**

**Veilchenblüten Viola Odorata** wachsen häufig am Waldrand und in der Nähe von Hecken sowie Zäunen. Blütezeit ist März/April. Die Blüten können für Dekorationszwecke auch gezuckert werden. Dazu 1 EL Honig mit 1 EL Wasser verrühren. Blüten mit Hilfe einer Pinzette eintauchen und mit feinem Vollrohrzucker bestreuen. Auf ein mit Klarsichtfolie belegtes Blech legen, bei Zimmertemperatur oder im Dörrapparat trocknen lassen. In einem Einmachglas mit gut schließendem Deckel aufbewahren.

# Avocado-Kokos-Eis

**auf Ananassalat**

**Küchengerät: Handmixer**

für 4 Portionen

2 reife Avocados
2 dl/200 ml Kokosnusswasser junger Nüsse
1 Limette, Saft
5 EL fein gemahlener Vollrohrzucker

1 Ananas, 2 EL Kokosnussflocken

**1**
Avocados halbieren und entsteinen, Fruchtfleisch herauslösen und durch ein feines Chromstahlsieb streichen. Avocadopüree mit Kokosnusswasser, Limettensaft und Zucker verrühren, die Masse im Tiefkühler fest werden lassen. Während des Gefrierprozesses öfter mit dem Handmixer durchschlagen, so wird das Eis zartschmelzend.
**2**
Eiscrème auf Ananasscheiben anrichten, mit Kokosnussflocken bestreuen.
**Tipp**
Am geschmeidigsten ist die Eiscrème, wenn sie gleichentags serviert wird. Sollte sie einmal zu fest werden, dann im Kühlschrank 20 Minuten antauen und mit dem Knethaken des Handmixers geschmeidig mixen.

**Zubereitungszeit 30 Minuten zuzüglich Zeit zum Tiefkühlen**

# Bananen-Eis

**mit Kiwi**

**Küchengerät: Cutter**

für 8 Portionen

8 reife Bananen, geschält, tiefgekühlt

6 Kiwis
8 EL flüssiger Honig

**1**
Gefrorene Bananen in Scheiben schneiden, im Cutter mit wenig Wasser zu einem cremigen Eis pürieren.
**2**
Kiwis schälen und in Schnitze schneiden.
**3**
Kiwischnitze in Coupegläser verteilen. Bananeneis mit dem Eisportionierer darauf verteilen. Mit Honig beträufeln. Sofort servieren.

**Zubereitungszeit 15 Minuten zuzüglich mindestens 4 Stunden zum Tiefkühlen der Bananen**

# Literatur


*Die Sprossen-Küche.*
Bänziger, Erica. Augsburg 1999.

*Bircher-Benner-Handbuch für Rheuma- und Arthritiskranke.*
23. Auflage; Friedrichsdorf 2003.

*Doktor Knölges Ende.*
In: Der Europäer. Gesammelte Erzählungen, Band 3, 1909-1918; Seiten 81–88.
Hesse, Hermann. Frankfurt am Main 1977.

*Rohkost – die lebendige Nahrung.*
Hochstrasser, Urs. 4. Auflage; Zürich 1997.

*Alternative Ernährungsformen.*
Leitzmann, Claus. Stuttgart 1999.

*Ernährung in Prävention und Therapie.*
Leitzmann, Claus u. a.
2. Auflage; Stuttgart 2003

*Willst du mit mir gehn.*
Nena; Claudia Thesenfitz
Verlagsgruppe Lübbe 2005.

*The Raw Life. Becoming Natural in an Unnatural World.*
Nison, Paul. New York 2002.

*Monte Verità – Sanatorium der Sehnsucht.*
Schwab, Andreas. Zürich 2003.

*Rohkosternährung.* In: Tagung verschiedener Ernährungsrichtungen und Neues aus der Wissenschaft. 27./28. Mai 2005.
Semler, Edmund. Verein Unabhängige Gesundheitsberatung Schweiz. Seiten 16–18.

*Rohkost statt Feuerkost. Wahre Gesundheit durch natürliche Nahrung.* Wandmaker, Helmut.
München 1996.

*Vegetarische Rohkost. Leben aus der Fülle der Natur.* Wilz, Gregor.
2. Auflage; Freiburg 2002.

*Die Moral auf dem Teller.*
Wirz, Albert. Zürich 1993.

*«Schnell und trotzdem gesund essen».*
In: NZZ am Sonntag, 15. Mai 2005.
*«Doktor Birchers neue Weltordnung».*
In: NZZ-Folio, April 1997.
*«Raw Sophistication. The Great Cooks Discover Noncooking».*
In: New York Times, 11. April 2001.
*«Raw Ambition».*
In: Gourmet, September 1999.